LE CADASTRE

EN FRANCE ET A L'ÉTRANGER

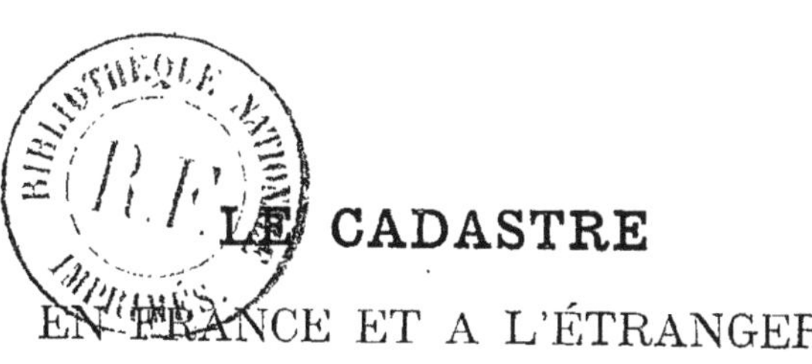

LE CADASTRE

EN FRANCE ET A L'ÉTRANGER

RAPPORT

PAR

M. CHEYSSON

INSPECTEUR GÉNÉRAL DES PONTS ET CHAUSSÉES

ET

M. SAINT-PAUL

CHEF DU BUREAU DU CADASTRE A LA DIRECTION GÉNÉRALE
DES CONTRIBUTIONS DIRECTES

RAPPORTEURS GÉNÉRAUX

PARIS

IMPRIMERIE PAUL DUPONT

4, RUE DU BOULOI, 4

MDCCCC

SOMMAIRE

I. Cadastres anciens.

II. Cadastres modernes.

III. Etudes de la commission du cadastre en France.

IV. La loi du 17 mars 1898.

V. Expertise cadastrale.

Annexes.

LE CADASTRE EN FRANCE ET A L'ÉTRANGER

I. — CADASTRES ANCIENS

§ 1er. — *Origine et but du cadastre.*

Ce n'est guère que vers la fin du xvᵉ siècle que le mot « cadastre »
(en italien *catasto* ou *cadastro*, en espagnol « catastro », en allemand
« kataster ») est entré dans le langage courant, mais les opérations de
dénombrement et d'évaluation que désigne cette expression étaient
connues et pratiquées dès la plus haute antiquité.

Nihil sub sole novum, nous dit la Bible. Elle nous parle aussi des droits
qu'exerçaient sur les produits du sol les anciens souverains de l'Egypte.
Ces droits n'étaient autre chose que la contribution foncière, que con-
nurent, à ce que nous rapporte Hérodote, les républiques de la Grèce,
qu'organisa, à Rome, le cens de Servius Tullius et qui se perçoit aujour-
d'hui dans toutes les nations de l'Europe, en Asie, en Amérique et dans
la plupart des possessions coloniales.

L'établissement de l'impôt foncier remonte, chez tous les peuples, à
l'époque même de la constitution de la propriété immobilière, la première source de richesse qui se soit manifestée et qui ait pu être appelée
à contribuer aux charges publiques.

Mais, pour assurer le recouvrement de cet impôt et l'asseoir sur des
bases équitables et proportionnelles, il a fallu reconnaitre la propriété et
ses détenteurs, fixer matériellement ses limites, évaluer son étendue
superficielle et ses produits, en un mot procéder à l'ensemble des opérations qui constituent ce que nous appelons aujourd'hui *le cadastre*.

De ce simple et court exposé, on peut tirer les conclusions suivantes :

1° Le cadastre doit son existence à l'impôt ;

2° L'histoire du cadastre est intimement liée à celle de la propriété
immobilière ;

---

(1) Cadastre, du bas latin *capitastrum*, registre servant à l'assiette de l'impôt, dérivé de
caput qui avait chez les Romains le sens d'une unité de valeur imposable estimée par certains auteurs à 1.000 *aurei*.

3° La fonction naturelle du cadastre, quelque primitives et simplifiées que soient ses indications, est double; asseoir l'impôt et indiquer, sinon prouver juridiquement, la possession du sol.

§ 2. — *Le cens à Rome.*

Avant de rechercher quel doit être le but de nos cadastres modernes et d'en étudier les multiples applications, il n'est pas sans intérêt de jeter un coup d'œil sur la nature et l'objet des cadastres anciens. Les institutions censitaires de l'ancienne Rome nous fournissent à cet égard de précieux enseignements.

La propriété privée, née à Rome, de concessions de terrains faites par l'État aux particuliers, s'est constituée peu à peu au sein du domaine public. On l'établissait en observant des coutumes solennelles et des pénalités très graves la protégeaient dans son existence et dans ses limites.

Longtemps avant l'époque impériale, Rome avait un corps de géomètres (*agrimensores*) qui, d'abord simples particuliers, et plus tard, sous les premiers empereurs, officiers publics investis d'attributions ayant un caractère judiciaire, furent chargés de la délimitation des immeubles et du placement des bornes. Ce corps, organisé en service public pour la constitution de la propriété immobilière, exécuta, en réalité, ce qui, traduit dans notre langage actuel, peut s'appeler « la partie d'art » du cadastre romain.

Quant à la partie estimative et fiscale, elle ne fut entreprise que plus tard. En effet le domaine privé, c'est-à-dire celui qui comprenait les terres concédées en pleine propriété (*optimo jure*), était exempt de la contribution foncière que supportait seul le domaine public, ou mieux les fonds tributaires.

Cette immunité d'impôt dont jouissait le domaine privé, ainsi que toutes les autres immunités comprises dans le *jus italicum*, fut supprimée sous Dioclétien, époque à laquelle fut étendu à tout l'empire un impôt foncier ayant un caractère bien défini de " réalité " et de " territorialité ", en ce sens qu'il ne pouvait être établi qu'au lieu de la situation des immeubles.

Durant la période qui va de Trajan à Dioclétien, les terres, au point de vue fiscal, étaient classées d'après leur qualité et leur nature de culture.

Le Digeste nous apprend que les natures de culture (1) étaient au

---

(1) Il faut entendre ici par " nature de culture ", les différentes catégories de terrain que l'on forme en vue des éventualités cadastrales.

nombre de sept : " *arva, vineæ, olivæ, prata, pascua, lacus piscatorii* et *pontus salinæ* ".

La valeur ou revenu de chaque immeuble se calculait d'après certains tarifs et aussi sur la déclaration des intéressés, qui étaient contrôlée par des officiers publics et rédigée d'après une formule spéciale (*professio censualis*). On désignait sous le nom de *censitores* les officiers chargés de la formation des rôles et *peræquatores*, ceux qui procédaient aux évaluations.

L'unité de superficie était le *juguerum* qui représentait un rectangle long de 260 pieds romains et large de 120, soit 31.200 pieds carrés (2.518,88 mètres carrés, ou environ 1/4 d'hectare)

L'unité d'évaluation était le *caput* ou le *jugum* qui, d'après certains auteurs, correspondait à une superficie déterminée et représentait une valeur en capital (1.000 *aurei*) et qui, selon d'autres, n'était qu'une valeur idéale, abstraite, un simple terme de comparaison.

En ce qui touche la base même de l'impôt, valeur en capital ou revenu, elle s'est plusieurs fois modifiée. Établi sur le " revenu brut" sous la république, sur le " revenu net moyen " dans la première partie de l'empire, l'impôt foncier, depuis Dioclétien, fut réglé par *caput*, c'est-à-dire sur la valeur en capital.

§ 3 — *Procédé technique d'exécution du cadastre romain.*

Les arpenteurs romains se servaient, pour déterminer la méridienne, du gnomon (*gnomone*) qui leur tenait lieu de boussole. Ils obtenaient l'angle droit au moyen d'un instrument spécial appelé *groma*, d'origine étrusque ou égyptienne, qui consistait en un pied de fer (*ferramentum*) supportant deux bras en équerre avec des pinnules à l'extrémité, de fils à plomb, et peut-être même de niveaux, qui servaient à fixer l'instrument et à assurer l'horizontalité des bras. C'était par le principe de sa construction notre équerre d'arpenteur.

Le géomètre chargé du lever et du partage d'un territoire, de la création d'un camp militaire, par exemple, se plaçait au centre et y traçait, à l'aide du gnomon par la projection de l'ombre, la ligne méridienne, dite *cardo*. La perpendiculaire à la méridienne, *decumanus*, s'obtenait à l'aide de la *groma*. Le *cardo* partageait le territoire en deux régions, celle à l'orient était dite *ultra cardinem* et l'autre à l'occident *citra cardinem*. Le *decumanus* subdivisait chacune de ces régions en deux parties dont l'une à droite vers le midi et l'autre à gauche vers le nord :

ces quatre parties étaient respectivement appelées *regio dextra* et *sinistra, ultra* et *citra cardinem.*

Les deux lignes fondamentales étaient tracées matériellement sur le terrain, d'habitude par deux routes, à l'intersection desquelles était placé l'édifice sacré *templum* de la localité ou du camp à créer.

D'autres lignes, parallèles au *cardo* et au *decumanus* et équidistantes, dites *cardini* et *decumani minores*, couvraient le territoire tout entier et leurs points d'intersection étaient marqués par des bornes, dont la position était donnée par l'indication de leur distance aux deux lignes fondamentales.

Certaines méthodes proposées de nos jours pour la réfection du cadastre et notamment la méthode des coordonnées qui est connue, en France, sous le nom de " système Robernier ", ont, comme on le voit, la plus grande analogie avec les antiques procédés des arpenteurs romains.

En réalité, il n'y avait aucun problème de simple arpentage qui ne pût être résolu par la méthode romaine. Elle permettait de lever un périmètre quelque irrégulier qu'il fût, de tourner un obstacle, de mesurer la distance d'objets inaccessibles, d'obtenir la quadrature d'un polygone quelconque, etc.

Les Romains avaient aussi des plans cadastraux gravés sur du bronze (*forma, typus, œs fictum*), où figurait le terrain levé et divisé et dont on prenait des copies sur du lin très fin (*linteum, mappa*) par impression ou par transparence. Les croquis et notes de terrain étaient dressés sur des tablettes recouvertes de cire (*ceræ*).

Il n'est pas certain cependant que ces plans aient été construits à l'échelle. Le célèbre plan de la ville de Rome, dont on ne possède que des fragments, aurait été établi à l'échelle de 1/250 selon certains auteurs, à celle de 1/300 selon d'autres. (*Forma urbis Romæ, edidit Henricus Jordan, Berlini*, 1874). La question reste douteuse.

Au demeurant, alors même que les plans cadastraux n'auraient donné que la forme figurée des terrains arpentés, les Romains avaient toujours à leur disposition le véritable plan, le plus exact de tous, celui qui était tracé sur le terrain et pour ainsi dire fixé au sol au moyen de la délimitation et du bornage.

Outre les plans, le cadastre romain comportait un inventaire très détaillé où étaient inscrites, pour chaque propriété, les différentes indications nécessaires à sa détermination exacte et l'évaluation de sa valeur ou de son revenu imposable.

Les documents cadastraux, dressés en triple expédition, étaient déposés dans la localité même, au chef-lieu de la province et, à Rome, aux archives impériales.

On possède peu de renseignements sur les procédés employés pour l'inscription au cadastre des changements de propriétaires et des modifications des terrains.

En ce qui touche la période de fixité des évaluations, quelques textes donnent lieu de penser que, sous les premiers empereurs, la revision eut lieu par lustre, c'est-à-dire tout les cinq ans. Porté ensuite à dix ans, le délai de revision fut, à partir de l'année 312 de l'ère chrétienne, définitivement fixé à quinze années, d'où le *cycle d'indiction romaine* (*indictio*), expression qui désigne une période d'années financières et qui, employée plus tard comme note chronologique apposée au bas des chartes et diplômes, est encore aujourd'hui d'un grand usage dans les bulles des papes.

§ 4. — *Valeur du cadastre romain.*

Sous les derniers empereurs, les Romains étaient, comme on le voit, en possession d'un cadastre établi sur des bases géométriques d'après des méthodes uniformes et au moyen d'instruments d'une certaine précision.

Ce cadastre était soumis au régime de la conservation.

Les évaluations servant de base à l'impôt étaient revisées tous les quinze ans.

Au point de vue de la constitution de la propriété immobilière, le cadastre romain ne pouvait, par lui-même, servir à prouver juridiquement la possession du sol ; néanmoins, dans certains cas et notamment dans les questions de délimitation et de bornage, il constituait un titre ayant en justice un caractère d'authenticité. On en trouve la preuve dans le passage suivant du *Digeste* (L. X, *De probat.*) : *Census et monumenta publica potiora testibus esse Senatus censuit.*

§ 5. — *Le cadastre dans les Gaules.*

En s'établissant sur le territoire fractionné de l'ancien empire d'occident, les Francs, les Goths et autres tribus germaniques n'eurent pour système ni d'exterminer les populations vaincues, ni de les incorporer en leur imposant leurs propres lois. La propriété territoriale fut partagée entre les vainqueurs et les vaincus, mais les deux peuples confondus

sur le même territoire conservèrent leurs lois et leurs coutumes parti-
lières, ce qui engendra ce qu'on a appelé le "droit personnel" par opposition au "droit public".

Le partage des terres eut lieu dans des conditions qui ne furent pas
partout les mêmes. Dans les provinces de l'est et du midi de la Gaule,
les Romains durent abandonner aux vainqueurs la moitié des cours et
jardins, les deux tiers des terres labourées et le tiers des esclaves. Quant
aux Francs, qui occupaient la partie occidentale, ils paraissent avoir
respecté la propriété des anciens habitants et avoir conservé le système
d'impôt établi par les Romains.

A en juger par les immenses domaines attribués aux rois francs comme
terres du fisc, le domaine public, à l'époque de la chute de l'empire,
devait être encore très considérable dans les Gaules. Il fut partagé entre
les Barbares par la voie du sort; de là les expressions de *Sortes Burgun-
diorum, Gothorum, d'allod (alleu)*, nom germanique dont la racine *Loos*
désigne ce qui est attribué par le sort.

Au moyen âge, l'affaiblissement graduel du pouvoir royal permit aux
seigneurs, aux couvents, aux abbayes de lever l'impôt pour leur
propre compte. Pour percevoir les redevances qu'ils levaient sur les
terres de leurs vassaux ou tenanciers, ils firent dresser, dans des conditions qui variaient suivant les lieux et les circonstances, des descriptions
détaillées de leurs domaines, c'est-à-dire des cadastres particuliers et
locaux qui prirent le nom de " terriers ", de " polyptiques " (1), etc.

En résumé, l'impôt romain et le système cadastral qui lui servait de
base ont survécu dans les Gaules à la chute de l'empire, et ce n'est que de
longues années après l'invasion des Barbares qu'ils ont fini, en se trans-
formant et en s'altérant peu à peu, par tomber en désuétude.

II. — CADASTRES MODERNES

§ 1er. — *Premiers cadastres géométriques.*

Il faut arriver au commencement du xvıe siècle — époque de renais-
sance aussi bien du droit romain que de la littérature grecque et latine
— pour trouver quelques sérieux essais de réorganisation cadastrale.
Mais il ne s'agit encore que de cadastres localisés, purement descriptifs

---

(1) L'un des plus célèbres de ces polyptiques est celui de l'abbé Irminon, de Saint-
Germain des-Prés, qui a été publié en 1836 par M. Guérard et donne les détails les plus cir-
constanciés sur l'Ile-de-France au vıııe siècle.

et basés sur la déclaration des intéressés. L'impôt foncier conserve l'empreinte féodale et n'est pas général et comporte de très nombreuses immunités ; d'autre part, c'est le propriétaire qu'il frappe et non la propriété ; il est « personnel » et non « réel ».

C'est au cours du xviiiᵉ siècle que furent établis les premiers cadastres réguliers et conformes à la tradition romaine. On peut citer, comme exemples, ceux de Milan, de Mantoue et du duché de Savoie, ce dernier encore partiellement en usage aujourd'hui sous l'administration française qui en poursuit le renouvellement.

Ces cadastres, exécutés de 1718 à 1758, ont réalisé des progrès remarquables. Ils ne sont plus simplement descriptifs ; ils comportent le lever géométrique des parcelles et l'établissement de plans ou « mappes » à l'échelle. Ces plans sont publiés et les propriétaires sont admis à présenter des réclamations qui sont soigneusement vérifiées.

L'impôt est redevenu réel et territorial ; il est basé sur le revenu net des propriétés.

L'évaluation du revenu net est faite en vue d'une péréquation générale entre les provinces, les communes et les particuliers.

Entrepris dans un but plutôt fiscal que juridique, ces cadastres ont rendu néanmoins de grands services pour le règlement des contestations en matière de limites et même de propriété.

Voici d'ailleurs ce que l'on trouve, à ce sujet, dans une « Notice sur l'ancien cadastre de Savoie » publiée en 1896, par Bruchet, archiviste de la Haute-Savoie :

Le cadastre de Savoie, dressé de 1728 à 1738, malgré sa date reculée, est encore aujourd'hui et sera pendant longtemps un instrument précieux et parfois indispensable pour l'asiette de l'impôt, la délimitation des propriétés et l'histoire du pays.

...... En matière de procès touchant la possession d'immeubles, les tribunaux, par une jurisprudence constante, ont considéré les indications portées sur l'ancien cadastre comme faisant présomption de propriété en l'absence d'un titre ou d'une prescription.

§ 2. — *L'impôt foncier et le cadastre depuis 1789.*

Parmi les cadastres exécutés depuis 1789, le cadastre français est celui qui, entrepris le premier, a servi de type et de modèle à tous les autres.

Sous l'influence des grandes idées d'égalité et de solidarité sociale que l'on proclamait très hautement en 1789, l'Assemblée constituante, après avoir aboli les privilèges, supprima les différents impôts dont l'ancien régime, frappait les produits du sol et leur substitua, par un décret-loi des 23 novembre et 1er décembre 1790, une contribution foncière unique, dont le montant en principal, fixé à 240 millions, devait « être réparti, par égalité proportionnelle, sur toutes les propriétés foncières, à raison de leur revenu net imposable ».

Mais, les revenus territoriaux n'étant alors que très imparfaitement connus, la répartition du nouvel impôt souleva, dès 1791, tant et de si vives réclamations que, pour y mettre fin, l'Assemblée constituante décréta la confection d'un *Cadastre général* ; mais la tourmente révolutionnaire ne permit pas la réalisation immédiate de ce grand projet.

Après une longue période d'hésitations et l'avortement des divers systèmes successivement essayés, parmi lesquels, notamment, l'exécution d'un cadastre par masses de cultures identiques, on aboutit finalement, à la seule solution rationnelle, c'est-à-dire à l'établissement d'un cadastre parcellaire général qui fut décidé par la loi du 15 septembre 1807.

Dans l'exposé des motifs de cette loi, le ministre des finances précisait le but et la portée de l'opération dans les termes suivants :

Mesurer sur une étendue de plus de sept mille neuf cent et un myriamètres carrés (1), plus de cent millions de parcelles ou propriétés séparées ; confectionner pour chaque commune un plan en feuille d'atlas où sont reportés ces cent millions de parcelles ; les classer toutes d'après le degré de fertilité du sol ; évaluer le produit net de chacune d'elles ; réunir ensuite sous le nom de chaque propriétaire les parcelles éparses qui lui appartiennent ; déterminer, par la réunion de leurs produits, son revenu total, et faire de ce revenu un allivrement qui sera désormais la base immuable de son imposition...

Dès le 7 novembre 1807, une commission, présidée par Delambre, secrétaire perpétuel de la classe des sciences exactes de l'Institut, et composée de directeurs des contributions directes et de géomètres en chef, fut réunie, au ministère des finances, pour fixer les conditions d'établissement des plans et d'organisation du personnel technique du cadastre.

Le programme arrêté par la commission fut soumis à l'empereur et obtint son approbation (décision impériale du 27 janvier 1808).

§ 3. — *Recueil méthodique français.*

Les travaux commencèrent avec activité et, dès 1811, toutes les dispositions législatives ou réglementaires alors en vigueur sur le cadas-

---

(1) Aujourd'hui, pour une superficie de 53 millions d'hectares, on compte 126 millions de parcelles, tandis qu'en 1807, le ministre des finances en comptait 100 millions pour un territoire de 79 millions d'hectares.

tre, toutes les instructions de détail antérieurement données pour son exécution furent coordonnées et réunies en un *Recueil méthodique des lois, décrets, instructions et décisions sur le cadastre en France*, véritable code cadastral, comprenant 1.144 articles, le « Recueil méthodique français » a été traduit dans presque toutes les langues d'Europe et reproduit, du moins quant à ses dispositions essentielles, dans la législation cadastrale des autres pays qui, à l'exemple de la France, ont entrepris l'exécution d'un cadastre parcellaire au cours du XIX° siècle.

Doctrinal et théorique, le « Recueil méthodique » a été, au cours des premiers travaux, suivi d'instructions de détail qui ont étendu et précisé certaines de ses dispositions de principe.

Parmi ces instructions, la plus importante est le règlement du 15 mars 1827, qui a surtout un caractère pratique et expérimental. Ainsi mis au point, le « Recueil méthodique » est cependant resté incomplet; on n'y trouve, en effet, aucune mesure efficace pour obtenir des propriétaires la fixation légale de leurs limites au moment de l'arpentage, ni pour assurer la tenue à jour des plans cadastraux. Cette double lacune, qui n'existe plus aujourd'hui dans les cadastres étrangers, a eu pour conséquences :

1° Que le cadastre français a été une œuvre exclusivement fiscale, dans laquelle les tribunaux se sont constamment refusés à voir autre chose qu'un document administratif sans autorité dans les questions de propriété ;

2° Que les plans, présentant toujours la situation des parcelles au jour de l'ancien arpentage et se trouvant de plus en plus en discordance avec l'état actuel de division du sol, sont devenus en grande partie inutilisable et ont aujourd'hui besoin d'être revisés, sinon refaits intégralement.

Les travaux d'établissement du cadastre, entrepris en 1807, ont été achevés en 1850.

Depuis cette époque, l'administration française a entrepris le cadastre de la Corse et celui de l'ancien comté de Nice et du duché de Savoie, annexés à la France en 1860. Les opérations, achevées en Corse et à Nice, se poursuivent encore actuellement dans les deux départements de la Savoie et de la Haute-Savoie.

D'autre part, la loi du 7 août 1850 a autorisé les communes à procéder au renouvellement de leur cadastre, mais à charge par elles d'en supporter totalement la dépense. Cette loi n'a été que peu ou point appliquée (à 400 communes environ sur 36.000).

En fait, tous les cadastres postérieurs à 1850 (2.000 communes environ) ont été exécutés d'après les mêmes règles et dans les mêmes conditions que ceux de la période antérieure ; ils sont de même nature, ils ont les mêmes qualités, mais aussi les mêmes défauts, et n'échappent pas à la nécessité d'une revision générale.

Il faut pourtant reconnaître que les levers cadastraux qui ont eu lieu en France depuis 1807 jusqu'à ce jour ont tous été exécutés suivant des règles et des procédés uniformes. Ces règles et ces procédés ont reçu, sans doute, au fur et à mesure de l'avancement du cadastre, des modifications et des améliorations de détail ; mais on peut affirmer néanmoins que le cadastre français, pris dans son ensemble, est une œuvre homogène, exécutée avec toute la précision qu'il était nécessaire d'atteindre dans l'établissement d'un cadastre purement fiscal.

S'il est question aujourd'hui de le renouveler, ce n'est pas dans un vice d'exécution ou dans un défaut d'homogénéité qu'il faut en chercher la raison ; c'est, d'une part, dans son état de vétusté qui, faute d'un régime de conservation, l'a mis en discordance avec la réalité ; d'autre part, dans la conception plus large des services que peut rendre le cadastre, en dehors du point de vue fiscal, notamment pour asseoir la propriété, faciliter sa transmission et développer le crédit agricole.

III. — ÉTUDES DE LA COMMISSION DU CADASTRE EN FRANCE.

§ 1ᵉʳ. — *Commission du cadastre et programme de ses travaux.*

C'est dans cette large orientation qu'a été entreprise en 1891, et dirigée depuis lors, l'étude du renouvellement du cadastre en France. Cette étude a été confiée à une commission extraparlementaire, instituée par décret du ministère des Finances et présidée par le ministre.

Dans la séance d'ouverture tenue le 10 juin 1891, le ministre a indiqué à la commission le caractère et la portée de l'entreprise dans les termes suivants :

Il ne s'agit pas seulement, a-t-il dit, de remédier par la rénovation d'un cadastre trop ancien, aux inégalités de la répartition de l'impôt foncier des immeubles non bâtis ; il y a lieu surtout d'envisager cette opération au point de vue des services autrement appréciables qu'elle peut rendre à la propriété en favorisant la constitution de véritables LIVRES TERRIERS. ... Le nouveau cadastre perpétué à l'aide d'un système permanant de conservation ne sera plus seulement un instrument fiscal et administratif, il constituera la base de la propriété foncière ; il assurera la sécurité des hypothèques et la régularité des transactions immobilières ; il fournira à l'agriculture, par le développement des institutions de crédit, les moyens d'action qui lui font défaut aujourd'hui. En un mot il deviendra LE GRAND LIVRE TERRIER DE LA FRANCE.

En d'autres termes, il s'agissait d'élaborer un projet de renouvellement du cadastre et de refonte de la législation foncière du pays, qui permît d'établir la propriété immobilière et les droits réels qui peuvent la grever, sur deux bases solides : le cadastre et un Livre foncier constamment tenus en concordance et à jour.

§ 2. — *Objet du nouveau cadastre ; ses applications.*

Un projet de loi, préparé par deux sous-commissions, l'une technique, l'autre juridique, est à la veille d'être arrêté définitivement et déposé par la commission du cadastre. Œuvre d'ensemble, qui a exigé de longues et laborieuses études et de nombreuses expériences sur le terrain, le projet est divisé en trois parties : la première partie est relative au renouvellement ou à la revision et à la conservation du cadastre ; la seconde a pour objet l'institution des livres fonciers ; la troisième concerne les privilèges et hypothèques.

La première partie du projet de la commission (1), la seule qui, relative au cadastre, doive être examinée ici, débute par une disposition qui précise le but du nouveau cadastre :

Article premier. — Les documents cadastraux actuels seront refaits ou revisés de manière à donner les indications nécessaires pour servir à l'établissement de livres fonciers, à la réforme du régime hypothécaire, à l'assiette de l'impôt foncier et à la planimétrie de la carte de France à grande échelle.

Cette définition n'est pas nouvelle ; elle existe déjà dans la législation de la plupart des pays étrangers qui nous ont devancés dans la voie où nous voulons nous engager à notre tour.

C'est ce que constatait, dès le début des travaux de la commission, l'éminent et regretté directeur général des Contributions directes, M. Boutin, qui a été le promoteur de la réforme du cadastre français, comme l'un de ses plus ardents défenseurs, et dont le nom restera attaché à cette grande entreprise.

Il nous a paru, disait-il, que l'intérêt qui s'attache à une meilleure répartition de l'impôt n'était pas le seul qui dût nous guider dans la question du cadastre..... Nous nous sommes demandé si le moment n'était pas venu de faire servir le cadastre à la consolidation de la propriété immobilière par la création de Livres fonciers. Vous

---

(1) Voir les rapports généraux faits au nom de la sous-commission juridique, par MM. Challemelle et Masségli, et au nom de la sous-commission technique par M. Cheysson.

2

savez, Messieurs, que ce n'est pas là une utopie : un certain nombre d'États nous ont précédés dans cette voie et s'en trouvent bien..... Certes ! nous ne nous le dissimulons pas : c'est une œuvre d'une portée très haute ; mais nous ne la croyons pas au-dessus de nos forces et de notre bonne volonté, surtout, si, comme nous le pensons, elle vous intéresse au même degré que nous et si vous voulez bien donner à nos efforts l'appui de votre grande autorité.....

Dans la formule qui précède, l'entreprise cadastrale est envisagée de haut, comme un travail d'intérêt général, comme une œuvre nationale au premier chef, qui exige du pays un effort trop considérable pour que l'on puisse en circonscrire les résultats au champ limité de l'impôt.

Le nouveau cadastre ne doit pas être seulement ou fiscal, ou juridique, ou géographique, il doit être tout cela à la fois ; en un mot, il doit prêter son appui à l'établissement de l'impôt, à la constitution de la propriété, à la description du sol, à la définition de son relief et à toutes les applications scientifiques, économiques et sociales que pourra faire apparaître la pratique, quand elle disposera d'un tel levier. On ne peut demander au pays un aussi grand effort, pour en circonscrire les résultats dans un champ limité. Entendue avec l'ampleur qui lui convient, la réfection du cadastre apparaît comme de ces œuvres nationales qui s'imposent à un grand peuple et qui le dédommagent de ces sacrifices par leurs profits directs et indirects.

§ 3. — *Délimitation et bornage des propriétés.*

Dans le projet de la commission, la propriété immobilière doit être déterminée physiquement par le cadastre, et juridiquement par le Livre foncier. La détermination physique d'un immeuble comporte, en premier lieu, la reconnaissance et la fixation de ses limites, c'est-à-dire, un travail de *délimitation* et de *bornage*.

La *délimitation* consiste à définir les limites qui séparent deux immeubles. Elle peut exister en fait ou en droit. Dans le premier cas, elle correspond à la jouissance, ou à la possession apparente ; dans le second aux titres de propriété. Le plus souvent les limites de fait et de droit se confondent ; mais il faut, en tout état de cause, l'assentiment des deux propriétaires intéressés, ou un acte de l'autorité qui le supplée, pour que la délimitation soit juridiquement valable.

Quant au *bornage*, il n'en est que la matérialisation. Que la borne vienne à disparaître, la *délimitation juridique* n'en subsistera pas moins, avec toute sa force probante, si elle est soigneusement définie par le cadastre. En résumé, l'on peut très bien concevoir une délimitation sans bornage, mais non pas un bornage sans délimitation.

La délimitation est également la préface indispensable du cadastre. Avant de faire un portrait, il faut définir nettement le modèle et préciser son individualité. Tel est le rôle de la délimitation vis-à-vis du cadastre : elle trace sur le terrain les limites des unités foncières, pour permettre aux hommes de l'art de les reporter ensuite sur leurs plans.

Pour que le cadastre renouvelé puisse remplir le rôle juridique auquel il est appelé et qui est denié au cadastre actuel, il faut se garder de faire la délimitation d'après la possession, c'est-à-dire de confondre l possession de fait avec la propriété de droit; mais on doit s'attacher fixer les limites de cette dernière propriété, celle-là même que le cadastre dans sa nouvelle conception, a pour objet d'assurer et de consacrer.

Cette délimitation est donc nécessaire à la réfection du cadastre, à l'immatriculation des propriétés, à l'établissement du Livre foncier. Etant en quelque sorte la clef de voûte du système, doit-on admettre qu'elle puisse être tenue en échec par le mauvais vouloir ou simplement par l'inertie des intéressés, et ne faut-il pas aller vis-à-vis d'eux jusqu'à l'obligation ?

Telle est, en effet, la solution qui a été en général admise à l'étranger. Dans certains pays et notamment en Alsace-Lorraine, la loi confie la délimitation à un arbitre, nommé d'ordinaire par le conseil municipal et aidé d'indicateurs pris parmi les propriétaires.

§ 4. — *Syndicat de délimitation.*

En France, cette délimitation s'est opérée, sans la contrainte légale sous le régime du droit commun et par le libre consentement des inté ressés dans les grandes opérations connues sous le nom d'*abornements généraux* et dont certaines régions de la France nous offrent de remarquables exemples. De centaines de communes de l'Est ont dû réaliser ces abornements généraux, qui ont donné d'excellents résultats. Ils ont supprimé les enclaves, remédié à un morcellement excessif, augmenté le réseau des chemins ruraux, amélioré l'organisation physique de la propriété et assuré sa stabilité légale.

Néanmoins les promoteurs eux-mêmes de ces belles opérations signalent les embarras que leur ont créés des résistances aveugles ou intéressées et ont demandé qu'il fût possible de venir à bout d'une infime minorité en appliquant à la délimitation le régime des associations syndicales tel qu'il est constitué en France par les lois des 21 juin 1865 et 22 décembre 1888.

C'est précisément dans ce sens qu'a conclu la sous-commission juridique en proposant que « l'exécution de la délimitation dans ces communes ou portions de communes puisse être l'objet d'une association
syndicale, soit libre, soit autorisée, entre propriétaires. »

La délimitation est, de toutes les opérations que comporte l'établissement du cadastre, la plus laborieuse et la plus délicate. Mettant en jeu
les intérêts particuliers et réveillant tous les désaccords latents, elle peut
soulever selon les lieux et les circonstances, selon la manière dont elle
est conduite, une opposition redoutable des propriétaires. Le choix des
moyens à employer pour la réaliser a donc une extrême importance.

S'il est nécessaire, pour obtenir que la délimitation soit contradic-
toire, de recourir à l'obligation légale, il ne faut pas perdre de vue que
les questions de délimitation et de bornage étant d'ordre privé, il appar-
tient aux intéressés de les résoudre eux-mêmes et, autant que possible,
en dehors de l'intervention administrative.

C'est donc à très juste titre que la commission du cadastre a fait dans
son projet aux associations syndicales pour la délimitation des pro
priétés.

§ 5. — *Commission de délimitation.*

Fallait-il s'en tenir à cette intervention des syndicats libres et auto-
risés? La sous-commission juridique ne l'a pas pensé. Soucieuse, avant tout
d'assurer la marche des opérations cadastrales que pourraient entraver
le refus ou du moins la lenteur de la délimitation spontanée ou syndicale, la sous-commission, sous réserve de la ratification de ce principe
par la commission plénière, qui ne s'est pas encore réunie, a été d'avis
que si les intéressés ne veulent pas effectuer eux-mêmes la délimitation
par leur initiative individuelle ou par des associations syndicales, il y
serait procédé d'office par une commission de *délimitation* dont les membres cumuleront les fonctions d'arbitres et d'indicateurs.

Cette commission, présidée par le maire, ou par son délégué pris dans
le conseil municipal, comprendra huit propriétaires de la commune, nommés à l'élection par les suffrages des contribuables inscrits à la matrice
cadastrale, ou de leurs mandataires. A ces éléments purement locaux
seront adjoints un suppléant du juge de paix, ou un notaire du canton,
un agent de l'administration des contributions directes et du cadastre,
qui remplira les fonctions de secrétaire, et, si la commission le juge
nécessaire, un géomètre local.

Ainsi composée, la commission aurait l'autorité et la compétence

suffisantes pour trancher les difficultés et effectuer la délimitation rapidement et sans frais.

§ 6. — *Exécution de la délimitation.*

Que la délimitation soit confiée dans une commune à une commission ou à un syndicat, les opérations devront être conduites dans des
conditions identiques et suivant les mêmes règles de procédure.

Le comité directeur du syndicat aura les mêmes attributions que la
commission de délimitation, sans préjudice des pouvoirs particuliers qui
pourront lui être conférés en cas d'association libre.

Aux termes du projet de loi, la commission procédera tout d'abord à
la recherche et à la reconnaissance des propriétaires.

On s'est demandé si la délimitation s'opérerait d'après les titres ou la
possession. Il a paru que l'apurement général des titres soulèvrait sans
nécessité une foule de difficultés oubliées ou inaperçues et que ce contrôle mal interprété pourrait sembler porter atteinte au principe même
de la propriété dans un moment où il est en butte à tant d'assauts,
remettre en question la propriété et lui imposer une investiture nouvelle·
La commission devra donc se borner à reconnaître chez le possesseur la
qualité de propriétaire apparent, en portant son examen non sur la
réalité et la validité, mais simplement sur la pertinence des titres. Le
droit est presque toujours où est la possession ; aussi est-il très probable
que le possesseur auquel la commission aura reconnu le titre de propriétaire apparent soit le propriétaire réel.

Après avoir reconnu les propriétaires, la commission les convo-
quera sur le terrain et, en leur présence, constatera et déterminera les
limites de leur propriété. En cas de désaccord, elle essaiera de les
concilier. Si les intéressés ne se rendent pas à la convocation ou, si,
présents, ils persistent dans leurs prétentions contradictoires, la commission, s'aidant de tous les documents ou renseignements qu'elle pourra
se procurer, déterminera d'office et provisoirement les limites.

Elle dressera un procès-verbal détaillé de ses opérations. Ses décisions
devront être prises à la majorité des voix, la moitié au moins des
membres étant présents.

La délimitation faite d'office aura le caractère d'un règlement administratif provisoire. A l'exemple de certaines législations étrangères, on
aurait pu donner à la commission de délimitation un pouvoir judiciaire,
reconnaître à l'acte de délimitation la valeur d'un jugement et organiser

une juridiction d'appel ; mais dès l'instant que le but que l'on vise peut être atteint sans rompre l'unité de législation et sans recourir à des lois d'exception, il vaut mieux ne pas soustraire la propriété à ses juges naturels et lui laisser toutes les garanties qui lui assure la législation actuelle.

La délimitation provisoire sera portée à la connaissance des intéressés qui auront un délai d'un an pour s'entendre sur leurs limites ou pour introduire, en vertu de l'article 646 du code civil, une action devant la juridiction compétente.

Passé ce délai, s'il n'est justifié d'un règlement conventionnel ou de l'exercice de l'action, les limites fixées provisoirement deviendront définitives, par l'effet d'une présomption d'acceptation tacite.

Les opérations techniques suivront le travail de la commission de délimitation. Après leur achèvement, le plan sera publié et les résultats de l'arpentage portés, par voie de communications individuelles, à la connaissance des intéressés qui auront un délai de trois mois pour présenter toutes réclamations tendant à rectifier sur le plan les tracés, cotes et dimensions, conformément aux résultats de la délimitation ou des décisions judiciaires qui seraient dès lors intervenues.

Ce deuxième délai expiré, les résultats de l'arpentage, tels qu'ils seront donnés par le cadastre, deviendront à leur tour définitifs et seront réputés conformes à la délimitation effectuée sur le terrain.

La procédure de la délimitation, très simple comme on le voit, repose sur deux délais de forclusion : le premier, d'un an, pour le travail juridique ; le second, de trois mois, pour le travail technique.

Ces délais, comparés à ceux qui sont accordés à l'étranger, en Alsace-Lorraine, par exemple, où les limites fixées provisoirement par un arbitre ne deviennent définitives que deux années après la publication du nouveau plan cadastral (loi du 31 mars 1884, art. 24), seraient trops courts, et la propriété, accoutumée à ceux de la prescription trentenaire, n'y trouverait certainement pas toutes les garanties auxquelles elle a droit, si, après leur expiration, il n'était plus possible de rectifier les erreurs qui auraient pu être commises au cours des deux phases de la procédure.

Il peut arrriver, d'une part, que le propriétaire réel d'un immeuble ne se révèle qu'après l'expiration du premier délai. L'acte de délimitation auquel ce propriétaire est resté étranger ne lui est évidemment pas opposable ; il peut récuser une procédure qui ne l'a pas atteint et provoquer une nouvelle délimitation.

D'autre part, des erreurs matérielles de nature à fausser gravement les indications du plan cadastral peuvent s'être glissées dans les travaux techniques et rester inaperçus pendant le délai de publication des résultats de l'arpentage.

Dans les deux cas, les délais de forclusion ne pourront être opposés aux intéressés, dont les réclamations seront toujours recevables.

§ 7. — *Bornage et bornes-repères*

Si le bornage est désirable, il n'est pas, au même titre que la délimitation, essentiel au cadastre et l'on ne serait pas justifié à user de la contrainte légale pour en généraliser l'application. Aussi la commission qui s'était résignée à recourir à l'obligation, pour compléter la délimitation là où ne suffirait pas à l'obtenir l'initiative des individus ou des syndicats, a-t-elle déclaré dans son projet que « cette obligation n'entraînerait pas celle du bornage » en ce qui concerne les propriétés privées.

Il n'en est pas de même pour les propriétés publiques, qui devront êtres bornées et, par dérogation à l'article 646 du Code civil, supporteront en totalité les frais de bornage obligatoire.

Seront d'ailleurs considérées comme propriétés publiques les immeubles, y compris les voies de communication, qui appartiennent à l'État, aux départements, aux communes, aux compagnies de chemins de fer et de canaux et aux établissements publics (1).

En imposant l'obligation du bornage aux propriétés publiques, la sous-commission technique du cadastre s'est surtout préoccupée de constituer un réseau de bornes-repères, qui puisse permettre, en cas de besoin, de rétablir sur le terrain les résultats de la délimitation juridique des propriétés privées, dont le plan cadastral sera, après l'achèvement des opérations, la seule preuve matérielle et authentique.

Dans le même but, la commission a décidé que les communes où le cadastre sera entrepris devront délimiter et borner à leurs frais non seulement le périmètre de leurs territoires respectifs, mais encore les sections entre lesquelles le territoire de chacune d'elles sera subdivisé.

A ces repères s'ajouteront ceux de la triangulation et de la polygonation dont tous les sommets seront bornés, de sorte que le réseau de points fixes ainsi établi fournira, dans les terrains moyennement morcelés, une borne par deux hectares environ.

---

(1) Echappent à l'obligation du bornage les immeubles possédés par les *Etablissements d'utilité publique*, qui sont placés en dehors des diverses branches de l'organisation administrative du pays et restent soumis au régime des propriétés de droit commun.

§ 8. — *La triangulation et la carte de France à grande échelle*

En même temps qu'elle décrétait la confection d'un cadastre général par la loi des 16-23 septembre 1791, l'Assemblée constituante décidait que les plans seraient levés d'après des règles uniformes « afin de lier ces plans à des opérations plus étendues et de les diriger toutes vers la confection d'un cadastre général, qui aurait pour base les grands triangles de l'Académie. »

En 1803, alors qu'il ne s'agissait encore que de levers par masses de cultures identiques, deux instructions ministérielles (10 ventôse et 11 prairial an XI) prescrivaient le rattachement des opérations cadastrales au système des grands triangles de la carte de Cassini.

Quatre années plus tard, au sein de la commission constituée pour l'étude des conditions d'établissement du cadastre parcellaire que venait d'ordonner la loi du 15 septembre 1807, Delambre, qui présidait cette assemblée, émit l'avis que les plans cadastraux devaient être les éléments d'une carte générale de la France et que, pour opérer sûrement, il était nécessaire de suivre les principes de la trigonométrie en allant du grand au petit, c'est-à-dire en partant de la triangulation générale de la France pour aboutir à la triangulation particulière et au lever des détails de chaque commune.

Enfin, sur l'avis d'une commission constituée en 1817 pour l'étude d'un projet d'établissement d'une nouvelle carte de France, « appropriée à tous les services publics et combinée avec les opérations d'un cadastre général », une ordonnance royale décida que les triangulations cadastrales se combineraient avec les opérations géodésiques qu'allait entreprendre, pour le lever de cette carte, le corps d'état-major de l'armée. Ce dernier était chargé des triangulations du premier et du deuxième ordre et le service du cadastre devait y rattacher un réseau de triangles du troisième ordre, sur lequel s'appuiraient les triangulations cadastrales.

Ces différents projets ne purent aboutir parce que les opérations cadastrales ont été entreprises, en France, sous l'empire de préoccupations financières qui l'emportèrent sur les considérations scientifiques. Les levers parcellaires se sont effectués sur la base de triangulations communales indépendantes les unes des autres ou du moins insuffisamment rattachées entre elles pour constituer un travail d'ensemble par canton, par arrondissement ou par département.

Le service du cadastre s'est borné à adresser au ministère de la guerre une copie du tableau d'assemblage des plans parcellaires de chaque commune pour servir à la planimétrie de la nouvelle carte.

Le projet d'établir en France un « cadastre général », ou autrement dit, de procéder à une vaste opération d'ensemble qui, partant de la grande triangulation, devait, en passant par le lever des détails dans chaque commune, aboutir, en dernière analyse, à la confection d'une carte générale du pays, a été mis à l'étude et réalisé à l'étranger. C'est dans ces conditions qu'ont été exécutés la plupart des cadastres entrepris en Allemagne et en Autriche depuis 1817 et que s'exécutent actuellement les cadastres d'Italie, d'Alsace-Lorraine, de Bosnie et d'Herzégovine, etc.

La commission du cadastre a jugé le moment venu de revenir, et cette fois pour l'appliquer résolument en France, au principe posé par l'Assemblée constituante, par Delambre et par la commission de 1817 et d'établir par le cadastre cette nouvelle carte nationale à grande échelle qu'appellent de tous leurs vœux et depuis longtemps le génie militaire et le génie civil. Dans ce but, elle a inséré dans son projet la disposition suivante :

Les levers cadastraux seront appuyés sur une triangulation spéciale dérivant de la grande triangulation, dite de l'état-major, qui sera revisée et complétée en temps utile.

D'autres dispositions règlent les conditions d'exécution et le degré de précision des travaux trigonométriques. Le réseau du 3ᵉ ordre sera refait entièrement *avec mesure du troisième angle*, de manière à donner un point, en moyenne, par 2.500 hectares, soit des cotes moyennes de 5.000 mètres.

Sur le réseau du 3ᵉ ordre ainsi refait se greffera la triangulation cadastrale (4ᵉ ordre) qui devra fournir, en moyenne, un point par kilomètre carré.

Comme moyen de transition entre la triangulation du 4ᵉ ordre et le lever parcellaire proprement dit on établira, soit des points de triangulation auxiliaire (5ᵉ ordre), soit des sommets de cheminements polygonaux, dont le nombre variera suivant l'état du terrain et la méthode d'arpentage employée.

En ce qui touche le degré de précision de ces travaux, la commission a décidé que : « les observations et les calculs devront être conduits de manière à atteindre, pour les cotes du 3ᵉ ordre, la précision du dix millième ; celle du cinq-millième, pour les cotes du 4ᵉ ordre ; celle du deux-millième pour le rattachement des bornes repérées. »

§ 9. — *Établissement des plans et registres cadastraux*

La délimitation juridique des propriétés sera confiée, ainsi qu'il a été dit, soit à l'association syndicale, soit à une commission locale qui fonctionnera préalablement à l'ouverture des opérations techniques du cadastre. Elle devra, en s'adjoignant, si bon lui semble, un géomètre de son choix, fixer et marquer sur le terrain, au moyen de piquets, les limites de chaque îlot de propriété avant le passage du géomètre arpenteur du cadastre, dont la tâche se trouvera ainsi réduite à des travaux purement géométriques.

Mais ces travaux, par suite du rôle juridique que le nouveau cadastre est appelé à remplir, exigeront la plus grande précision. Aussi, avant de fixer les règles à suivre pour leur exécution, la commission du cadastre a-t-elle cru devoir s'entourer de nombreux renseignements.

Après avoir organisé, dans tous les départements, une vaste enquête sur la valeur actuelle des plans cadastraux et sur le bornage des propriétés, elle a fait procéder à des essais comparatifs de différentes méthodes d'arpentage.

Enfin, pour compléter ses études et ses expériences, elle a pris la résolution de comprendre, dans un essai d'ensemble qui a eu lieu dans la commune de Neuilly-Plaisance (Seine-et-Oise), toutes les opérations que doit comporter l'établissement d'un cadastre complet, précédé de la délimitation juridique des propriétés et suivi de l'établissement d'un Livre foncier (1).

Une fois en possession des résultats de ces nombreux travaux d'enquêtes et d'essais, la commission du cadastre a jugé qu'elle pouvait se prononcer, en toute connaissance de cause, sur les conditions d'établissement des plans et des registres du nouveau cadastre.

En ce qui touche le choix des méthodes et des instruments d'arpen-

---

(1) Voici en quels termes le rapport général de la sous-commission technique, après avoir rendu compte en détail de l'essai de réfection intégrale du cadastre de Neuilly-Plaisance, résume l'opinion de la sous-commission sur cet essai :

« L'essai de Neuilly-Plaisance se caractérise par l'application de perfectionnements de détail, heureusement sélectionnés dans divers autres domaines et transportés dans celui du cadastre. C'est l'ensemble de ces progrès qui, par leur convergence, impriment à cet essai une physionomie originale et autorisent les plus grandes espérances pour la qualité, l'économie, l'accélération de l'œuvre totale. »

En somme, cette opération, par son succès moral et technique, fait le plus grand honneur à M. Lallemand, directeur du nivellement général de la France, chef du bureau technique du cadastre, et à ses collaborateurs.

tage, elle s'est ralliée à l'éclectisme libéral du Recueil méthodique, dont l'article 110 est ainsi conçu :

Les résultats de l'arpentage doivent être uniformes ; mais les procédés employés peuvent varier à raison de l'instrument employé. Son choix dépend ou de l'habitude du géomètre, ou des localités qui, quelquefois, n'admettent pas un instrument qui serait d'ailleurs préférable par lui-même.

Ce qui importe avant tout — et le projet de la commission du cadastre est formel sur ce point — c'est que les documents du cadastre puissent permettre de rétablir, à toute époque et avec la précision réglementaire, les limites des propriétés, telles qu'elles auront été fixées par la commission de délimitation.

La commission n'a pas cru devoir fixer le degré de précision à exiger dans les différentes opérations de détail, jugeant que la tolérance doit être en relation avec la valeur et les difficultés du terrain, avec l'échelle adoptée pour le rapport des plans, et qu'elle ne saurait, dès lors, être la même pour l'ensemble des levers cadastraux. Point n'est besoin, en effet, d'exiger dans le lever des grandes parcelles en nature de landes, de pâtis communaux ou de friches perdues sur le sommet des montagnes le même degré de précision que dans l'arpentage des terrains très morcelés et de grande valeur situés aux abords ou dans l'intérieur des villes.

Ce principe est, d'ailleurs, suivi en Alsace-Lorraine, où les instructions officielles sur les travaux d'exécution du cadastre prescrivent de diviser les terrains en plusieurs catégories, dont chacune a sa tolérance spéciale.

En résumé, il n'est nullement nécessaire d'imposer au géomètre, pour le lever d'un terrain, l'emploi de tel ou tel instrument ou procédé d'arpentage ; il suffit d'exiger de lui que la position des limites de propriété soit déterminée avec le degré de précision qui aura été réglementairement fixé pour ce terrain.

§ 10. — *Îlot de propriété et parcelle cadastrale.*

Dans le système du cadastre actuel, la parcelle cadastrale, celle qui est définie par la nature de culture, figure seule sur les plans ; c'est l'unité foncière adoptée pour les évaluations qui servent de base à l'impôt (1). Une fois fixée par le cadastre, la limite de culture a une

---

(1) Aux termes de l'article 130 du Recueil méthodique, la parcelle cadastrale est « une portion de terrain plus ou moins grande, située dans un même canton, triage ou lieu dit présentant une même nature de culture et appartenant à un même propriétaire ».

valeur légale, mais seulement au regard de la législation fiscale.

La parcelle cadastrale ne se confond pas toujours avec la véritable unité foncière, définie par des limites de propriété, cette unité que la commission a désignée sous la nom d'*ilot de propriété*, est la seule qui intéresse les droits des propriétaires et dont il importe, dans les futures opérations cadastrales, d'assurer la détermination juridique.

Dès l'instant que le nouveau cadastre doit assurer à la fois l'assiette de la propriété et celle de l'impôt, il est donc nécessaire de lever et de figurer sur les plans les parcelles ou îlots de propriété et les parcelles de culture.

Aux termes du projet de la commission du cadastre, la nouvelle *unité foncière* ou *îlot de propriété* sera « constituée par toute étendue de terre contenant une ou plusieurs parcelles contiguës appartenant au même propriétaire et situées dans la même section de commune ».

Le lever des parcelles comprises dans les îlots de propriété s'effectuera en même temps que le lever des ilots, mais avec une nouvelle précision.

Chaque îlot de propriété sera subdivisé en parcelles sur le plan cadastral qui devra être dressé à une échelle en rapport avec le morcellement et la valeur du sol.

Enfin, les nouveaux registres du cadastre, les *Etats de section* et la *Matrice cadastrale* devront présenter la désignation des îlots de propriété et celle des parcelles cadastrales.

§ 11. — *Détermination du relief du sol.*

Il a été dit plus haut que la triangulation cadastrale de chaque commune dérivera de la triangulation générale du pays. Pour orienter davantage encore les opérations techniques du cadastre vers la confection d'une nouvelle carte de France à grande échelle, où le relief du sol serait indiqué non plus par des hachures, mais par des courbes de niveau, la commission du cadastre a décidé qu'au cours des travaux géométriques, les opérateurs recueilleront les éléments des cotes d'altitude des sommets du réseau trigonométrique, des bornes-repères et des principaux points du terrain.

Ce travail s'exécutera pour ainsi dire par surcroît et presque sans frais, puisque les travaux de triangulation et de polygonation obligent les géomètres à faire, en moyenne, par kilomètre carré, de 25 à 30 stations où ils opèrent à l'aide d'un théodolite ou de tout autre instrument analogue, permettant l'observation d'angles verticaux.

On ne demandera d'ailleurs aux géomètres que des données brutes, le calcul des cotes d'altitude devant être confié au *Service du nivellement général de la France,* qui en communiquera les résultats au service du cadastre pour que ce dernier les reporte sur le plan d'ensemble, dit *Tableau d'assemblage,* dressé, pour chaque commune, à l'échelle de $^1/_{100000}$.

§ 12. — *Conservation du cadastre.*

Le jour où le nouveau cadastre sera, dans une commune, officiellement substitué à l'ancien et entrera en vigueur avec tous ses effets légaux, la commission, ou le syndicat de délimitation, parvenue au terme de sa mission devra se dissoudre pour faire place au service de la conservation, ou, suivant l'expression plus exacte employée en Allemagne, de la continuation (*Fortfuhring*) du cadastre.

Ce service, qui existe dans tous les pays étrangers, n'a jusqu'à présent fonctionné qu'incomplètement en France, où l'on s'est borné à inscrire les mutations foncières sur la matrice cadastrale seulement, les plans et les états de sections restant immuables et présentant toujours l'état de possession et de division du sol, tel qu'il était au jour de leur établissement.

Du moment où le cadastre doit servir de base à l'établissement d'un livre foncier, il est indispensable de corriger cette organisation défectueuse, dans laquelle il faut voir la cause première et unique de l'impérieuse nécessité où l'on se trouve aujourd'hui de renouveler le cadastre, aussi l'une des premières résolutions prises par la commission du cadastre a-t-elle été la suivante :

Au fur et à mesure de la réfection ou de la revision du cadastre, il sera organisé un service de conservation chargé de la tenir constamment à jour.

La commission du cadastre ne présente aucune difficulté, lorsqu'un immeuble passe entièrement d'un propriétaire à un autre; il suffit d'effectuer, dans ce cas, au vu du titre présenté par les intéressés, une simple substitution de nom sur les registres cadastraux, le plan restant intact. Mais, si la mutation comporte le fractionnement de l'immeuble ou la rectification de ses limites, le conservateur doit, en outre, tracer les nouvelles limites sur le plan cadastral.

La question se pose ici de savoir par quels procédés la nouvelle délimitation sera constatée sur le terrain et reportée ensuite sur le plan cadastral. Si l'on consulte à cet égard les législations étrangères, on se trouve en présence de trois systèmes :

1° Cette constatation peut être faite par les soins et sous la responsabilité du conservateur, les propriétaires étant obligatoirement tenus de recourir à son intervention pour le règlement de leurs limites ;

2° On peut, à l'exemple de la Suisse et de l'Allemagne, la confier à un corps de géomètres assermentés, pourvus d'un diplôme ou simplement agréés par l'autorité administrative. Ces géomètres exercent leur profession librement, sans recevoir aucun traitement de l'État. Les plans et les croquis qu'ils dressent à la requête et aux frais des propriétaires, doivent remplir certaines conditions de forme et de précision, fixées de telle sorte que le conservateur du cadastre puisse toujours en vérifier l'exactitude à l'aide du plan cadastral.

3° Enfin, la loi peut imposer aux propriétaires l'obligation de produire un procès-verbal de délimitation accompagné d'un plan coté, en leur laissant, ainsi que cela se passe dans toutes les transactions immobilières, la liberté d'établir eux-mêmes, ou de faire établir par un géomètre de leur choix, ces documents à leurs risques et périls, mais sous la condition formelle que les documents produits s'adaptent correctement au plan cadastral.

Jugeant que le premier système porterait atteinte à la liberté des transactions et que le deuxième entraînerait la création d'un nouveau corps d'officiers ministériels armés d'un monopole onéreux pour la propriété, la commission du cadastre s'est prononcée pour la troisième en adoptant le texte suivant :

Tout changement de limite d'îlot de propriété sera constaté par un procès-verbal de délimitation. Les nouvelles limites seront rattachées aux bornes-repères et tracées sur un plan coté. Ce plan et le procès-verbal seront dressés par les parties, au besoin avec l'assistance d'un géomètre et certifiés par elles.

Le conservateur reportera sur le plan cadastral toute limite modifiée, telle qu'elle figurera au plan transmis par les parties, après s'être assuré qu'elle s'adapte correctement au plan cadastral.

Mais, le nouveau cadastre devant faire titre en matière de limites, les erreurs que pourra commettre le conservateur du cadastre seront de nature à causer un dommage plus ou moins grave aux propriétaires, auxquels on ne peut enlever le droit d'en exiger la réparation.

On s'est demandé si la responsabilité de ces erreurs incombent à l'État ou si, au contraire, le conservateur du cadastre ne devrait pas comme certains autres fonctionnaires, tels, par exemple, que les conservateurs des hypothèques, être soumis à la responsabilité de droit commun, dont le principe est inscrit aux articles 1382 et 1383 du Code civil.

La commission s'est prononcée dans le dernier sens, en décidant que le conservateur du cadastre sera responsable envers les parties des erreurs provenant de son fait ou de son défaut de vérification.

Il ne suffit pas que les immeubles soient exactement définis sur le terrain et sur le plan cadastral, il faut qu'ils le soient aussi dans les titres ou documents écrits, sur lesquels s'appuieront les mutations au Livre foncier et au cadastre.

Les nombreuses erreurs, qui se sont peu à peu glissées dans les matrices cadastrales actuellement en usage en France, tiennent, en majeure partie, à l'insuffisante précision de la désignation des immeubles dans les actes.

Le projet de la commission porte, en conséquence, que, aussitôt le cadastre d'une commune soumis au régime de la conservation, tous actes, conventions ou jugements, ayant pour effet de constituer, transmettre, déclarer, modifier ou éteindre un droit de propriété, d'usufruit, de jouissance ou autre droit réel immobilier, devront contenir la désignation cadastrale des immeubles qui en feront l'objet.

La désignation cadastrale des immeubles sera également obligatoire dans les déclarations relatives aux mutations par décès.

A défaut d'accomplissement de ces formalités, ou en cas de désignation cadastrale inexacte, les officiers publics ou greffiers, pour les actes authentiques ou jugements, et les parties, pour les actes sous seings privés et les déclarations seront passibles d'une amende de 50 francs par chaque acte, convention, jugement ou déclaration.

Enfin, il peut être utile et même nécessaire pour la bonne tenue et la clarté du plan cadastral, d'y porter les changements survenus, à l'intérieur des îlots de propriété, dans la consistance des parcelles. Ces changements qui ne touchent pas au droit de propriété et n'ont d'intérêt qu'au point de vue de l'impôt, pourront toujours être relevés et portés sur le plan, soit sur la demande des propriétaires, soit d'office par l'administration.

§ 13. — *Publication des plans cadastraux.*

Organisée dans les conditions qui viennent d'être sommairement indiquées, la conservation du cadastre exigera l'emploi de nombreux extraits du plan cadastral qui, faits à la main, entraîneraient des dépenses excessives. Il est donc indispensable, à ce seul point de vue, que l'on puisse se procurer à bas prix des reproductions du plan cadastral.

La publication et la mise en vente de   plan s'impose, d'ailleurs, à d'autres égards, notamment pour permettre aux divers services publics et aux particuliers de tirer tout le profit possible du nouveau cadastre et d'en faire de multiples applications.

En Alsace-Lorraine, les plans minutes, d'abord établis sur des feuilles de papier, sont ensuite reportés sur des feuilles de zinc qui permettent d'en obtenir par l'impression un nombre illimité d'exemplaires. Ces copies sont mises en vente au prix de 0 fr. 60 l'une. Les modifications de limites, relevées par la conservation du cadastre, étant immédiatement appliquées sur la feuille de zinc, les cartes mises en vente donnent l'état exact du terrain au moment même de chaque tirage.

Le même système a été employé dans l'essai de réfection du cadastre de Neuilly-Plaisance dont il a été parlé plus haut ; le prix de revient de chaque feuille de plan tirée sur zinc a été de 0 fr. 04 par exemplaire.

§ 14. — *Conservation du réseau des bornes-repères.*

Le réseau des bornes-repères, dont il a été parlé plus haut, est appelé à jouer un rôle capital dans la conservation du cadastre. Il doit permettre, en cas de besoin, de rétablir plus tard sur le terrain, à l'aide du plan cadastral, les limites de propriété telles qu'elles auront été fixées par la commission de délimitation. Il est donc de la plus haute importance d'en empêcher la destruction.

En Prusse (loi du 7 octobre 1865), en Bavière (lois des 15 août 1828 et 19 mai 1881), en Italie (code pénal, article 424), dans le Grand Duché de Bade (loi du 20 avril 1854), et en Algérie (loi du 23 mars 1898), des pénalités très sévères mettent les bornes et les signaux géodésiques ou topographiques à l'abri de toute tentative de dégradation, de déplacement ou de destruction. Les propriétaires, fermiers ou autres détenteurs d'immeubles sont tenus de supporter, sur leurs terrains, l'exécution de tous les travaux que comporte l'établissement d'un réseau géodésique et tous les levers de détail à effectuer ultérieurement par les services publics. Les terrains nécessaires à l'emplacement et à la conservation des bornes trigonométriques doivent être cédés à l'État moyennant une indemnité qui, à défaut d'accord amiable est fixée par une juridiction spéciale.

La commission du cadastre, s'inspirant de ces législations, a inséré dans son projet des dispositions analogues, lesquelles, reprises par le

Gouvernement et introduites dans le projet de loi de finances de l'exercice 1900, ont reçu la sanction législative et sont devenues les articles 19 à 22 de la loi du 13 avril 1900.

Ces articles sont ainsi conçus :

ART. 19. — Nul ne peut s'opposer à l'exécution, sur son terrain, des travaux de triangulation, d'arpentage ou de nivellement faits pour le compte de l'État, des départements et des communes, ni à l'installation des bornes ou signaux destinés à marquer les points trigonométriques et autres repères nécessaires à ces travaux, sous réserve de l'application des dispositions du premier alinéa de l'article 1er de la loi du 29 décembre 1892, et du paiement ultérieur soit d'une indemnité pour dommages, soit d'une indemnité pour dépression définitive, suivant les cas visés aux articles 20 et 21 ci-après.

ART. 20. — Tout dommage causé aux propriétés, champs et récoltes pour les travaux ou installations désignés à l'article précédent sera réglé, à défaut d'accord amiable entre l'intéressé et l'administration, par le conseil de préfecture, dans les formes indiquées par la loi du 22 juillet 1889.

L'action en indemnité des propriétaires ou autres ayants droit sera prescrite par un délai d'un an à partir du jour où le dommage aura été causé.

ART. 21. — Lorsqu'une borne ou un signal sera établi à demeure sur une propriété particulière, si la cession amiable du terrain nécessaire à son emplacement et à sa conservation ne peut être obtenue, il sera procédé à l'établissement pour cause d'utilité publique dans les formes et conditions prévues par l'article 13 de la loi du 21 mai 1836.

Sont exceptées de l'expropriation les propriétés bâties ainsi que les cours et jardins y attenant. Il sera fait application, pour la cession amiable, de l'article 13 de la loi du 3 mai 1841 sur l'expropriation.

ART. 22. — La destruction, la détérioration ou le déplacement des bornes ou des signaux seront punis des peines prévues à l'article 257 du Code pénal.

Il pourra être fait application de l'article 463 du même Code.

Les agents des services publics intéressés, dûment assermentés, ainsi que tous officiers et agents de police judiciaire, auront le droit de constater les délits prévus au présent article et en dresseront des procès-verbaux.

Le vote anticipé de cette partie du projet de la commission du cadastre a paru au Gouvernement et aux Chambres nécessaire pour assurer l'exécution d'une loi récente, dont il va être question plus loin, celle du 17 mars 1898, sur la revision du cadastre.

§ 15. — *Evaluation de la dépense des travaux de renouvellement du cadastre et d'établissement de livres fonciers.*

La dépense des travaux de renouvellement du cadastre français, avec établissement de livres fonciers, a été évaluée par la commission du cadastre, sur la base des tarifs actuellement en vigueur en

France et en Alsace-Lorraine pour l'exécution des opérations cadastrales.

D'après cette évaluation, elle atteindrait en moyenne, par hectare, les chiffres suivants :

Travaux géométriques	9 fr. 45	soit	87,2 %
Travaux d'évaluation.	» 82	»	7,6 »
Établissement des livres fonciers . .	» 56	»	5,2 »
Totaux.	10 fr. 83	»	100,0 »

En supposant que le nouveau cadastre français s'achève en vingt années, cette dépense *moyenne* de 10 fr. 83 par hectare, qui représente pour la France entière 573,550,000 francs (1), n'exigera, en réalité, des propriétaires, qu'une contribution annuelle de 0 fr. 54 par hectare, c'est-à-dire un sacrifice qui se trouvera largement compensé par les avantages que leur procurera l'établissement d'un cadastre juridique, sans compter tous les bénéfices directs et indirects d'ordre général qu'en retirera le pays.

Quant aux frais annuels de la conservation du cadastre, on peut les évaluer, en moyenne, à 2 % de la dépense de premier établissement.

Telle est, esquissée dans ses grandes lignes, l'œuvre de la commission en ce qui concerne les questions techniques qui se rattachent à la réfection du cadastre.

Le législateur n'a pas encore été mis à même de statuer sur ce projet grandiosé, que le siècle expirant va léguer à son successeur ; mais il a voulu du moins en préparer la réalisation, en en détachant un certain nombre de dispositions, qui décentralisent par commune cette vaste opération et permettent la mise en train méthodique et progressive.

C'est là principalement l'objet de la loi du 17 mars 1898, qu'on a justement nommée « la loi Boudenoot », du nom de son principal promoteur, l'éminent président de la première commission technique du cadastre. Nous allons exposer rapidement dans le chapitre suivant l'économie et les résultats de cette loi.

---

(1) D'après une autre méthode, celle-là analytique, la commission est arrivée à une évaluation de 600,000 francs. La concordance de ces deux résultats est remarquable et rassurante.

IV. — LA LOI DU 17 MARS 1898

§ 1er. — *Marche des travaux du nouveau cadastre.*

En inscrivant dans son projet de loi le principe de la délimitation obligatoire de toutes les propriétés, la commission du cadastre a tranché, par cela même, la question de la marche du cadastre, puisqu'elle confère à l'administration le droit d'initiative, c'est-à-dire le droit de prescrire d'office, sur les territoires qu'elle désignera, l'ouverture des opérations.

Cette décision qui a aussi pour conséquence de mettre la dépense du cadastre à la charge de l'Etat, est, d'ailleurs, conforme à l'idée dans laquelle a été conçu le programme des travaux de la commission. Il s'agit d'une vaste opération d'ensemble qui consistera à procéder, dans toutes les communes de France et dans un délai déterminé, à la réfection du cadastre et à l'établissement de livres fonciers. La réforme est vivement réclamée au nom de multiples intérêts; elle doit apporter dans notre droit civil de profondes modifications; il faut donc l'entreprendre en disposant dès le début d'une force puissante et régulière et avec la ferme intention de la faire aboutir dans le plus bref délai possible, afin de donner satisfaction aux vœux du pays et aussi pour éviter de créer en France un dualisme trop prolongé de législation.

Cependant une conception toute différente de la marche initiale de l'entreprise s'est fait jour au sein de la commission à la suite des enquêtes et des expériences faites par la sous-commission technique.

L'entreprise du cadastre, a-t-on dit, exige une période de mise en train plus ou moins prolongée, où les opérations se circonscriront à quelques régions bien choisies. Elle doit être subordonnée, dans chaque commune, à la constitution préalable d'un syndicat de bornage dans les termes de la loi du 21 juin 1865, modifiée par la loi du 22 décembre 1888. On peut d'ailleurs encourager, par des subventions, la formation des syndicats.

Cette conception s'est traduite par la proposition suivante :

L'entreprise du cadastre doit commencer modestement, en se circonscrivant d'abord aux zones où elle rencontrera toutes les conditions de succès ; elle ne doit prendre ses développements successifs que dans la mesure que comporteront les ressources financières mises à sa disposition, l'assentiment de l'opinion publique éclairée par les premiers résultats obtenus, enfin les progrès techniques réalisés sous le triple rapport des méthodes, des instruments et des opérations.

En dehors de l'application de la loi du 22 décembre 1888 aux syndicats de bornage, il n'y a lieu de rendre obligatoire, pour les propriétés privées, ni le bornage ni même la délimitation juridique.

Afin d'encourager ces opérations facultatives, il convient d'accorder des faveurs spéciales aux communes et aux propriétaires qui les entreprendront dans un délai à fixer par la loi.

A l'appui de la proposition, on a invoqué non seulement des nécessités techniques, mais encore des considérations morales et sociales : on a fait valoir que, par la voie des syndicats et sans recourir à la coercition légale qui peut être irritante et impopulaire en matière de délimitation, la réforme cadastrale se réalisera avec l'assentiment et l'active collaboration des intéressés. Commençant par les zones où elle répondra aux besoins les plus urgents, elle progressera lentement, par rayonnement, sur des terrains bien préparés.

A certains égards, sa rapidité nuirait à sa qualité. Les premiers chantiers seront autant de champs d'expériences nécessaires pour l'éducation du personnel, l'épreuve des méthodes et des instruments.

Enfin, on gagnera, à procéder de la sorte, de ne demander au pays que des sacrifices très modérés au début et de le gagner progressivement à cette réforme, au lieu de vouloir lui faire violence pour la lui imposer brusquement.

C'est en se plaçant à ce point de vue que MM. Boudenoot, Henry Boucher (Vosges), Terrier, Georges Graux, Papelier, Codet, députés, ont déposé, le 10 février 1894, une proposition de loi qui est devenue la loi du 17 mars 1898.

§ 2. — *Motifs et but de la loi.*

A l'époque où M. Boudenoot et ses collègues saisissaient le Parlement de leur proposition de loi, il était évident qu'un long délai serait encore nécessaire à la commission du cadastre pour déposer le vaste projet dont l'étude lui est confiée et qui doit embrasser à la fois la réforme du cadastre, celle des hypothèques et l'institution de livres fonciers.

Or, étant admis que ces deux dernières réformes doivent s'effectuer sur la base d'un nouveau cadastre, il a paru possible et utile, sans d'ailleurs rien préjuger et en laissant entière la question des hypothèques et des livres fonciers, d'entreprendre immédiatement la réforme cadastrale. Mais, pour bien préciser le but et la portée de la loi du 17 mars 1898, il faut laisser la parole à son auteur. En ouvrant, le 8 décembre 1897, la séance de la sous-commission technique du cadastre, dont il est le président, M. Boudenoot a donné à ce sujet les explications suivantes (1) :

.... Personne n'ignore que, même en mettant toutes choses au mieux, il s'écoulera de longues années encore avant le vote de cet ensemble, de ce corps de lois, de cette série de lois..... Rappelez-vous que notre commission, en admettant comme je l'espère, qu'elle ait terminé ses travaux dans deux ou trois mois, y aura consacré sept années entières. Il n'y a pas d'exagération à penser que la Chambre d'abord, et le Sénat ensuite, y consacreront chacun autant de temps.....

Faut-il se croiser les bras en attendant ? Faut-il laisser inutilisées pendant ce temps les bonnes volontés ? Faut-il laisser improductifs les travaux auxquels votre sous-commission a consacré plusieurs années, qu'elle a provoqués, dirigés et sur certains points déjà menés à bonne fin ?

Je ne l'ai pas pensé, Messieurs ; j'ai cru que ce serait faire œuvre utile que de propager autant que possible, en attendant la grande loi définitive, vos idées, vos méthodes, vos vues sur l'utilité considérable de la réforme cadastrale, afin d'y rallier tous les esprits, afin d'en assurer le succès et aussi d'en préparer les voies et de faire en sorte que le jour où la loi sur le cadastre sera votée, on ne soit pris au dépourvu ni en matériel, ni en personnel.....

S'il y a des communes qui n'attendent que l'aide de l'État et du département pour donner suite au désir ardent qu'elles peuvent avoir de reviser leur cadastre, encourageons-les, donnons-les en exemple au reste du pays qui sera ainsi gagné à la réforme, laquelle deviendra alors plus facile à obtenir du Parlement et plus aisée à accomplir.

Voilà, Messieurs, les idées qui ont inspiré ce projet de loi ; c'est une sorte de préface aux projets d'ensemble que nous avons tous en vue pour l'avenir ; c'est en quelque sorte un projet transitoire qui, tout en la rendant plus féconde et plus courte, sera d'un grand secours pendant la période de préparation, pendant la période de transition entre l'état actuel et l'état futur qui résultera de l'adoption de la réforme cadastrale d'ensemble que nous préparons.

Sans doute, ce projet est destiné à disparaître, je serai heureux tout le premier de le voir remplacer par la loi définitive sur le cadastre.....

Mais, en attendant, j'ai pensé, et deux ministres successifs des finances ainsi que la Chambre elle-même ont pensé avec moi, que ce projet modeste et restreint, s'il est mis en vigueur, ... rendra quelques bons services. Loin d'être nuisible à notre œuvre d'ensemble, il lui sera plutôt utile en la préparant, en la faisant désirer, en la montrant pratique, facilement réalisable et en la rendant populaire dans tout le pays.

Voilà exactement le but et la portée du modeste projet de loi préparatoire qui a été voté par les Chambres ; que MM. les ministres des Finances Doumer et Cochery se sont successivement approprié..... pour l'insérer dans la loi de finances de 1897..... et qui est actuellement soumis à l'examen du Sénat.

(1) Procès-verbaux de la commission extraparlementaire du cadastre, fascicule n° 6, page 300.

§ 3. — *Initiative et dépense du cadastre.*

Le projet de la commision du cadastre, en conférant à l'Etat l'initiative des opérations, le charge, par cela même, de pourvoir à la totalité de la dépense qui en résultera.

Dans la plupart des pays étrangers, le cadastre est exécu l'initiative et aux frais de l'État, sauf parfois certaines dépenses accessoires qui sont supportées par les communes ou par les particuliers. En Alsace-Lorraine, la loi du 31 mars 1884 porte que le cadastre s'exécute aux frais du Trésor public, mais elle laisse cependant à la charge des communes : 1° Les indemnités pour dommages causés aux propriétés; 2° les salaires des indicateurs; 3° les frais de confection des copies du plan et des registres cadastraux destinés aux archives communales.

En France, les frais d'établissement du cadastre ont été supportés totalement par l'État jusqu'en 1821. La loi du 31 juillet 1821 (art. 20) a fait du cadastre une charge départementale, mais en décidant (art. 21) que l'État participerait à la dépense par voie de subventions.

La loi du 7 août 1850 (art. 7) en a reporté la charge exclusivement sur la commune et, du même coup, en a paralysé la réfection (1).

Sans lui enlever ce caractère, la loi du 17 mars 1898 revient aux dispositions plus équitables de la loi de 1821 et dispose (art. 1er) qu'un crédit sera inscrit annuellement au budget du ministère des finances pour être affecté à l'allocation de subventions aux communes, qui demanderont le renouvellement de leur cadastre et s'engageront à en assurer la conservation.

Aux termes de l'article 2, la part de l'État dans la dépense d'établissement et de conservation du nouveau cadastre d'une commune sera fixée en tenant compte de la situation financière de la commune et ne pourra dépasser 40 % de son montant total; le département contribuera à la dépense au moins dans la même proportion que l'Etat et lesurplus sera fourni par la commune ou par les particuliers intéressés.

La loi du 17 mars 1898 laisse aux communes l'initiative des opérations cadastrales; comme sous le régime de la loi du 7 août 1850, c'est tou-

---

(1) Sous le régime de cette loi, les travaux du renouvellement du cadastre n'ont eu lieu que dans   communes.

Alors même que l'on abandonnerait aux communes l'impôt foncier, on ne pourrait plus revenir à la loi de 1850 pour leur imposer la charge totale de la réfection cadastrale. Le cadastre, en effet, ne correspond plus seulement à un intérêt fiscal; c'est une œuvre nationale et l'État doit en garder la haute direction.

jours au conseil municipal qu'il appartiendra d'en provoquer l'exécution dans chaque localité. Il est à remarquer, toutefois, que dans le nouveau système, l'État toujours libre du choix des communes auxquelles il accordera des subventions, aura, en fait, la haute main sur la marche générale des travaux, ce qui n'était pas possible auparavant, puisque les communes devaient seules pourvoir à la totalité de la dépense.

Les autres dispositions de la loi du 17 mars 1898, qui contient 9 articles, ont été empruntées presque textuellement au projet de la commission du cadastre. Elles sont relatives à la délimitation juridique des propriétés et à la conservation du cadastre. Les explications qu'elles comportent ayant été données plus haut, il suffira d'en faire ici une mention sommaire.

L'article 3 porte que les opérations cadastrales comprendront obligatoirement la délimitation des immeubles, le bornage restant facultatif.

Les articles 4 et 6 confient l'exécution de la délimitation aux intéressés eux-mêmes en leur laissant, pour y procéder, le choix entre l'institution de la commission locale dont il a été parlé, ou la formation d'un syndicat libre ou autorisé, dans les termes de la loi du 21 juin 1865 modifiée par la loi du 22 décembre 1888.

Les articles 5, 7, 8 règlent les pouvoirs de la commission ou des syndicats, la procédure à suivre pour la délimitation, les délais de forclusion pour le règlement des limites et pour la présentation de réclamations contre les résultats de l'arpentage.

Enfin l'article 9 est relatif à la conservation du cadastre (1).

§ 4. — *Décret du 9 juin 1898*

Les mesures prises pour assurer l'exécution de ces nouvelles dispositions législatives sur le cadastre ont fait l'objet du décret du 9 juin 1898.

L'article 1er de ce décret est ainsi conçu :

Il est créé au ministère des finances, pour l'exécution de la loi du 17 mars 1898, un service spécial, dit « service du renouvellement ou de la revision de la conservation du cadastre ».

Il s'agit du service prévu par le 2e alinéa de l'article 1er de la loi du 19 mars 1898.

Ce service est chargé spécialement des nouvelles opérations cadastrales à entreprendre sous le régime de ladite loi. Il doit comprendre un personnel administratif et un personnel technique appartenant tous les deux à l'Administration des finances. Mais il est à prévoir que, par leur

---

(1) Nous donnons en annexe le texte de la loi du 17 mars 1898.

complexité et par la partie légale de leurs résultats, les opérations cadastrales à exécuter sous le régime de la loi du 17 mars 1898 soulèveront certaines questions ou difficultés pour l'examen et la solution desquelles le concours et l'avis de personnes compétentes et notamment des représentants des services publics intéressés seront très utiles sinon même indispensables.

En Alsace-Lorraine, l'article 1ᵉʳ de la loi du 31 mars 1884 sur le renouvellement et la conservation du cadastre confie la direction et la surveillance des travaux à une commission (*Kataster commission*) instituée spécialement à cet effet.

L'article 2 du décret du 9 juin 1898 contient des dispositions analogues :

Art. 2. — Le directeur général des contributions directes est chargé, sous l'autorité du ministre des finances, de l'organisation et de la direction du service du renouvellement ou de la revision et de la conservation du cadastre.

Un comité consultatif dit « Comité du cadastre » est institué auprès du ministre des finances. Il comprend des membres du Parlement, des représentants des services publics intéressés et autres personnes compétentes, désignés par le ministre des finances.

Un arrêté ministériel du 23 mai 1899 a réglé l'organisation et le fonctionnement du « comité consultatif du cadastre ». Ce comité, qui est présidé par le ministre des finances, comprend quinze membres de droit, quinze membres nommés par le ministre et deux secrétaires.

Ainsi qu'il a été dit plus haut, les levers cadastraux peuvent et doivent, sans qu'il en résulte une augmentation trop sensible de la dépense, se relier avec la grande triangulation, dite de l'état-major, et avec les travaux du service de nivellement général de la France, de manière à pouvoir, par la suite, s'assembler facilement et fournir les matériaux nécessaires à l'exécution de la carte de France à grande échelle dont l'exécution est préparée par le service géographique de l'armée avec le concours de la commission de géographie composée de tous les ministères intéressés.

C'est dans ce but que l'article 3 du décret porte ce qui suit :

Art. 3. — Les levers cadastraux sont appuyés sur une triangulation spéciale dérivant de la grande triangulation, dite de l'état-major, préalablement revisée à cet effet.

La marche des opérations cadastrales suit celle du travail de revision de la grande triangulation.

A la suite d'un accord intervenu entre les départements de la guerre et des finances, le service géographique de l'armée a entrepris, dès le mois de septembre 1898, la revision de la grande triangulation sur le parallèle de Paris en partant de la frontière de l'Est. Il a été exécuté pendant la campagne de 1899 le même travail sur la méridienne de Paris dans le département de la Somme et dans le canton de Pontoise (Seine-et-Oise); il le poursuivra en 1900, sur la chaîne méridienne de Sedan dans le département de la Haute-Marne.

L'exécution du nouveau cadastre comporte la délimitation juridique des propriétés et le report de ses résultats sur les plans du cadastre. Ces derniers, devant faire titres en matière de limites, exigent la plus rigoureuse exactitude. Or, ce résultat ne peut être obtenu que si l'organisation du service du cadastre permet d'imprimer aux opérations une marche régulière méthodique et partout uniforme.

Telle est le but de l'article quatre ainsi libellé :

ART. 4. — La direction, la surveillance et la vérification des travaux d'art du nouveau cadastre sont concentrées entre les mains d'un chef des travaux techniques placé sous les ordres du directeur général des contributions directes et nommé par le ministre des finances.

Par un arrêté ministériel en date du 11 juin 1898, M. Lallemand, ingénieur en chef des mines, directeur du service du nivellement général de la France, le directeur de l'essai de réfection intégrale du cadastre de Neuilly-Plaisance a été nommé chef des travaux techniques au service du renouvellement ou de la revision de la conservation du cadastre. Les fonctions de ce chef de service sont, en fait, celles que remplissait, dans l'ancienne organisation du personnel technique du cadastre, le géomètre en chef de chaque département.

Le service primitif du cadastre, supprimé en 1850, fonctionne encore aujourd'hui, avec son organisation normale, dans trois départements (Nord, Savoie et Haute-Savoie), mais il ne pourrait fournir, sans se désorganiser, tous les agents techniques nécessaires à l'exécution des opérations prévues par la loi du 17 mars 1898. Dans la période actuelle de début, ces opérations, nécessairement circonscrites à quelques communes, n'exigent qu'un cadre très restreint de géomètres dont quelques-uns peuvent être fournis par le service actuel du cadastre et les autres par le ministère des travaux publics ou par le service de la voirie; mais à ces premiers opérateurs il faudra, pour assurer l'avenir, adjoindre des élèves-géomètres ou stagiaires qui, recrutés par voie de concours, seront appelés, au fur et à mesure des besoins, à remplir les fonctions de géomètre.

Tel est l'objet de l'artiéle 5 dont suit le texte :

Art. 5. — Le personnel technique du service du renouvellement ou de la revision et de la conservation du cadastre comprend des agents commissionnés à titre définitif ou temporaire et des agents stagiaires.

Il est recruté, au fur et à mesure des besoins, soit parmi les agents du service actuel du cadastre et d'autres services publics, soit par voie de concours dont les conditions sont fixées par un arrêté du ministre des finances.

Le personnel technique du cadastre ne comprend encore aujourd'hui que 9 agents d'exécution qui ont été successivement recrutés dans le personnel commissionné ou auxiliaire du ministère des travaux publics.

Par un arrêté, en date du 23 février 1900, le ministre des finances a fixé les conditions du concours qui sera ouvert chaque année pour l'admission d'élèves-géomètres au service du cadastre (Le premier concours a eu lieu le 14 mai 1900).

L'ancien service du cadastre placé sous l'autorité du préfet et sous les ordres immédiats du directeur des contributions directes, était organisé par département. Il comprenait deux personnels distincts et indépendants l'un de l'autre : le personnel technique chargé des travaux géométriques et de l'établissement des plans ; le personnel administratif, chargé des évaluations et de la confection des registres cadastraux.

Si des raisons impérieuses exigent que l'on renonce, pour le personnel technique, au système de l'organisation départementale, au moins pendant la période initiale de la mise en train, il n'en est pas de même pour le personnel administratif qui devra procéder aux nouvelles évaluations, dans les conditions fixées par l'ancienne législation cadastrale à laquelle la loi du 17 mars 1898 n'a apporté aucune modification.

C'est ce que prescrit l'article 6 du décret.

Art. 6. — L'expertise cadastrale et tous les travaux qui s'y rattachent sont exécutés par les agents du service des Contributions directes dans les conditions prévues par les lois et règlements en vigueur.

Ainsi, la loi du 17 mars 1898 n'aura pas seulement pour effet de préparer la grande réforme foncière qui est à l'ordre du jour en France, d'en assurer la réalisation plus prochaine, plus rapide et moins onéreuse pour l'État ; elle permettra aussi de rétablir immédiatement, par le renouvellement de l'expertise cadastrale, la proportionnalité de l'impôt foncier dans les communes qui en auront successivement obtenu l'application.

§ 10. — *Résumé.*

La loi du 17 mai 1898, — on le voit d'après les explications qui précèdent, — est une très heureuse intervention pour la grande entreprise du renouvellement du cadastre en France; elle y associe les populations rurales et fait à l'initiative des munipalites un appel qui a été entendu, à en juger par l'affluence des demandes que des communes des diverses parties de la France et notamment celles de la Somme, ont adressées à l'administration pour obtenir un tour de priorité. Les opérations sont en train sur plusieurs points du territoire et vont forger, en quelque sorte, dans l'action les opérateurs, les méthodes et les instruments, en même temps qu'elles acclimatent et popularisent dans le pays l'idée de la réfection cadastrale et de ses bienfaits. La loi ne préjuge pas le livre foncier, mais si, plus tard, on veut l'adopter, elle lui donne comme assiette un cadastre renouvelé, tenu à jour, c'est-à-dire la base sans laquelle cette réforme resterait en l'air.

On doit donc savoir beaucoup de gré aux promoteurs de cette loi de 1898, qui ont su emprunter aux travaux de la commission tout ce qu'ils avaient de rudes conseils et d'immédiatement réalisable pour le faire passer dans la pratique. On doit en même temps se réjouir de l'accueil sympathique et empressé que les premières applications de cette loi rencontrent déjà dans les campagnes et qui sont d'un heureux augure pour le succès de la grande œuvre nationale à laquelle se rattachent tant et de si pressents intérêts.

[ANNEXE.]

ANNEXE N° 1

LOI DU 17 MARS 1898

ARTICLE PREMIER. — Il sera inscrit annuellement au budget du ministère des finances, pour concourir aux frais de renouvellement ou de revision et de conservation du cadastre, un crédit qui sera affecté :

1° A l'entretien d'un service dit « du renouvellement ou de la revision et de la conservation du cadastre » ;

2° A l'allocation de subventions aux communes qui, cadastrées depuis trente ans au moins, demanderont le renouvellement ou la revision de leur cadastre et s'engageront à en assurer la conservation.

ART. 2. — La part de l'État dans la dépense d'établissement et de conservation du nouveau cadastre d'une commune, fixée en tenant compte de la situation financière de la commune, ne pourra dépasser quarante pour cent (40 0/0) de son montant total; le département contribuera à la dépense au moins dans la même proportion que l'État, et le surplus sera fourni par la commune ou les particuliers intéressés.

A cet effet, des centimes additionnels à la contribution foncière des propriétés non bâties pourront être votées par les conseils généraux jusqu'à concurrence d'un centime (0 fr. 01) et par les conseils municipaux jusqu'à concurrence de cinq centimes (0 fr. 05).

ART. 3. — Toute commune, pour être admise à profiter des avantages prévus par l'article précédent, devra instituer préalablement à l'ouverture des opérations cadastrales et dans les conditions ci-après déterminées, soit une commission, soit un syndicat de délimitation ou de bornage.

Les opérations cadastrales comprendront obligatoirement la délimitation des immeubles, le bornage restant facultatif.

ART. 4. — La commission de délimitation ou de bornage comprendra :

1° Le maire ou son délégué pris dans le conseil municipal, président ;

2° Huit propriétaires de la commune, dont au moins deux forains, nommés à la majorité relative par les suffrages des contribuables inscrits à la matrice cadastrale ou de leurs mandataires, l'élection restant en ce qui concerne le mode de scrutin et les réclamations, soumise aux règles fixées par la loi du 5 avril 1884, sur l'organisation municipale ;

3° Un suppléant du juge de paix ou un notaire du canton désigné par le préfet ;

4° Un agent de l'administration des contributions directes et du cadastre, désigné par le directeur local, secrétaire.

La commission pourra s'adjoindre un géomètre avec voix délibérative.

ART. 5. — Cette commission aura pour mission.

1° De procéder à la recherche et à la reconnaissance des propriétaires apparents ;

2° De constater, s'il y a lieu, l'accord des intéressés sur les limites de leurs immeubles et, s'ils le désirent, d'en diriger le bornage ;

3° En cas de désaccord, de les concilier, si faire se peut ;

4° De déterminer provisoirement ces limites à défaut de conciliation ou de comparution des intéressés.

La commission dressera un procès-verbal détaillé de ses opérations. Ses décisions seront prises à la majorité des voix, la moitié au moins des membres étant présents.

ART. 6. — Le syndicat de délimitation et de bornage sera libre ou autorisé et pourra être formé soit pour la commune entière, soit seulement pour une portion du territoire communal.

L'association syndicale autorisée sera établie, soit sur la demande de un ou plusieurs propriétaires intéressés, soit sur l'initiative du maire ou du préfet. Elle sera soumise, pour le surplus, aux dispositions qui régissent les associations constituées pour l'exécution de travaux d'amélioration agricole d'intérêt collectif, à l'exclusion des alinéas 3 et 4 de l'article 9 de la loi du 21 juin 1865, modifié par l'article 3 de la loi du 22 décembre 1888.

Au cas de formation d'un syndicat libre, il sera loisible aux parties contractantes de convenir que la délimitation sera accompagnée du bornage des immeubles et qu'il sera procédé à des remembrements.

Le comité directeur du syndicat libre ou autorisé sera substitué à la commission de délimitation ou de bornage pour les terrains compris dans l'association et il aura les mêmes attributions que cette commission, sans préjudice des pouvoirs particuliers qui pourront lui être conférés en cas d'association libre.

ART. 7. — La délimitation provisoire prévue au paragraphe 4 de l'article 5 sera portée à la connaissance des intéressés qui auront un délai d'un an pour s'entendre sur leurs limites ou pour introduire une action devant la juridiction compétente.

Passé ce délai, les limites déterminées provisoirement deviendront définitives, sauf les droits du propriétaire réel, lorsqu'il viendra à se révéler, et dont la réclamation ne pourra avoir d'effet qu'entre lui et ses voisins immédiats.

ART. 8. — Après l'achèvement des travaux techniques, le plan cadastral sera déposé pendant trois mois à la mairie de la commune, où les intéressés seront admis à en prendre connaissance.

A défaut de réclamation dans ledit délai, les résultats de l'arpentage seront réputés conformes à la délimitation, sous réserve de la tolérance qui sera fixée par les règlements.

Toutefois, en cas d'erreur matérielle, les réclamations seront toujours recevables.

ART. 9. — Afin d'assurer la conservation des plans et des registres cadastraux dans les communes où ils auront été renouvelés ou revisés, tout changement de limite devra, pour être opéré sur les plans du nouveau cadastre, être préalablement constaté par un procès-verbal de délimitation ou de bornage dressé en présence des parties ou de leurs mandataires et certifié par elles.

Dans ces communes, la désignation des immeubles d'après les données du cadastre deviendra obligatoire dans tous les actes authentiques et sous seings privés, ou jugements translatifs ou déclaratifs de propriété ou droits réels immobiliers.

L'omission ou l'inexactitude de cette désignation entraînera une amende de de 25 francs qui sera due par les officiers publics ou greffiers pour chaque acte authentique ou jugement et par les intéressés pour chaque acte sous signatures privées.

Cette amende sera recouvrée comme en matière d'enregistrement.

La présente loi, délibérée et adoptée par le Sénat et par la Chambre des députés, sera exécutée comme loi de l'État.

ANNEXE N° 2.

Note sur le nouveau cadastre prussien. — Si l'on ne s'est pas en général
écarté à l'étranger des principes de notre Recueil méthodique, en ce qui concerne la
nature et la base de l'impôt foncier, il n'en est pas de même pour la procédure de
l'évaluation qui a reçu d'importantes modifications. Pour faire ressortir les progrès
réalisés sur ce point, il suffira d'exposer les règles tracées pour l'exécution du cadastre
prussien, règles qui ont été suivies dans les pays annexés à la Prusse en 1866, dans
le Wurtemberg, dans le grand-duché de Bade, en Alsace-Lorraine et copiées, pour
ainsi dire, par l'Autriche-Hongrie et par l'Italie.

La Prusse qui, dans ses frontières de 1861, avait une superficie de 27.754.000 hectares, à peu près égale à la moitié de celle de la France, a entrepris à cette époque
l'établissement d'un cadastre général et l'a terminé en moins de cinq années en menant
de front les travaux d'art et les évaluations. Elle comptait à cette époque, 8 provinces,
25 départements, 342 arrondissements et 42.671 communes ou territoires administrati-
vement autonomes. Seules les deux provinces occidentales possédaient un cadastre
géométrique, qui avait été exécuté, d'après le système français, de 1818 à 1834;
dans les autres parties du royaume (82 0/0 de la superficie totale), il n'existait que
des plans individuels de propriétés particulières qui furent utilisés après avoir été
revisés et reliées entre eux à l'aide de simples réseaux locaux de triangulation.

Si le travail d'arpentage a pu être mené à bien dans un aussi court espace de
temps, la Prusse le doit surtout à ce qu'elle disposait d'un nombreux personnel de
géomètres déjà employés, les uns, dans les provinces du Rhin et de Wesphalie par
l'administration du cadastre; les autres, dans les provinces orientales pour les par-
tages de communautés, et qui tous avaient acquis pour le nouveau travail à exécuter
une aptitude spéciale. Au 1er janvier 1864, le personnel de la partie d'art se compo-
sait de 2.755 géomètres ou élèves géomètres. En ce qui concerne l'exactitude du travai
il suffira de dire que le lever cadastral se trouva coincider presque exactement avec le
lever géographique effectué pour l'établissement des cartes militaires.

Mais c'est dans l'évaluation que se rencontrent les particularités les plus notables.
Ce travail présentait de grandes difficultés. Il s'agissait, non de la nouvelle répartition
d'un impôt déjà existant et accepté, mais de l'établissement d'un impôt nouveau,
contre lequel luttait pour la défense de ses immunités, une puissante opposition ave
laquelle il fallait compter. D'autre part, l'évaluation portait sur un territoir
d'une forme très allongée et offrant des différences considérables au point de vue de
la nature du sol et des conditions climatériques, économiques et agricoles.

Le travail d'évaluation fut divisé en deux parties. La première eut pour objet la
répartition entre les départements, les arrondissements et les communes ou territoires
autonomes d'un impôt foncier de 10 millions de thalers, créé par la loi du 21 mai 1861 (1
suivant le vœu formel de la loi, l'impôt incombant aux communes ou territoires
autonomes devait être mis en recouvrement le 1er mai 1865.

La seconde partie de l'évaluation, la répartition individuelle, fut réglementée pa
la loi du 12 décembre 1864, mais elle avait été préparée et grandement facilitée au

---

(1) En vertu d'une nouvelle loi, en date du 24 juillet 1893, la contribution foncière des
propriétés non bâties a cessé d'être perçue pour le compte de l'État à partir du 1er janvier
1895. Ce n'est pas toutefois dans un allègement des charges de la propriété rurale qu'il faut
chercher le trait saillant de cette réforme, car il s'agit non pas d'un dégrèvement, mais de
l'abandon fait par l'État de sa part d'impôt aux communes. Par l'impôt foncier et par l'impôt
sur le revenu global nouvellement établi en Prusse, le revenu foncier était soumis à une
double imposition, alors que le revenu mobilier ne supportait que l'impôt sur le revenu. Le
loi du 24 juillet 1893 a fait disparaître ce double emploi.

cours des premiers travaux et, à cette date, il restait peu à faire et quelques opérations seules furent achevées en 1866.

L'une des particularités les plus importantes à signaler est l'unité territoriale adoptée pour l'évaluation. Elle fut, comme en France, la commune ou le territoire autonome pour les plans ; mais, pour l'évaluation, on prit l'arrondissement (*Kreés*). Le travail d'évaluation exigeait donc l'établissement, pour chaque arrondissement, d'un tarif de classification.

Exceptionnellement, lorsqu'un arrondissement renfermait des territoires trop dissemblables, on le divisait en deux ou trois districts d'évaluation.

Pour chaque arrondissement ou district d'évaluation, il fallait :

Établir un tarif de classification et, dans ce but, constater les différences les plus sensibles qu'offraient les diverses qualités de terrain :

Former, afin d'en fixer le produit, un certain nombre de classes pour chaque nature de culture et pour chacune de ces classes déterminer par arpent (moyen, 25ᵃ 53ᶜ) la valeur en argent correspondant au produit foncier ;

Calculer au moyen du tarif de classification le revenu de toutes les propriétés de l'arrondissement ;

Soumettre à un examen sérieux et niveler les résultats acquis dans tous les arrondissements.

Comme en France, le classement se fit au moyen de domaines ou propriétés-types servant de repères et de termes de comparaison. Il y eut aussi des types, non seulement par arrondissement, mais aussi par département.

Dans la première partie du travail, l'évaluation s'appliqua à des masses de terrain de même qualité et de même culture, pour se transformer, dans la seconde partie, en estimation parcellaire. On formait les masses en prenant autant que possible des limites naturelles ou celles qui étaient bien apparentes sur le plan, ou encore celles qu'il était possible de fixer avec certitude sur certains points. Mais, pour préparer en même temps le lever parcellaire et le travail de la répartition individuelle, on relevait exactement les bornes des propriétés et l'on devait faire en sorte que chaque parcelle d'un même propriétaire fût comprise tout entière dans la même masse. Ce n'est que dans les contrées très morcelées que la trop faible contenance des parcelles ne permit pas d'obtenir ce résultat.

Autre particularité à signaler : on a limité à *sept* seulement les natures de culture, savoir : 1° terres labourables (*Ackerland*) ; 2° jardins (y compris les vignobles, les vergers, etc.) (*Garten*) ; 3° prés (*Wiesen*) ; 4° pâturages (*Weiden*) ; 5° bois (*Holzungen*) ; 6° masses d'eau (*Wasserttucke*) ; 7° terrains incultes (*OEdland*).

Les terrains absolument improductifs, routes, chemins, places publiques, etc. (*Unland*), furent exclus de l'évaluation.

Par contre, la loi admit jusqu'à huit classes, selon les besoins, pour chaque nature de culture.

Dans ces conditions, on se trouva en présence de 342 tarifs seulement correspondant à pareil nombre d'arrondissements et portant sur sept natures de culture, de sorte que le nivellement de ces tarifs était un travail relativement plus facile qu'en France où il y avait, comme il a été déjà dit, 36.000 tarifs et plus de 30 natures de culture (nombre illimité).

Quant aux règles suivies pour le classement parcellaire, pour les exceptions et les exemptions, elles ne diffèrent pas de celles tracées par le Recueil méthodique français.

Ce vaste travail, d'ailleurs, exécuté d'après des règles uniformes et très précises, ne fut pas exclusivement confié à des agents de l'État. Il y eut, par arrondissement, une commission d'évaluation ; une commission supérieure pour chaque département et, à Berlin, une commission centrale, présidée par le ministre des finances. Ces diverses commissions furent formées d'éléments mixtes, administratifs et électifs. A côté de chaque commission d'arrondissement et de département, on plaça un commissaire

d'évaluation chargé de la direction ou de la préparation de tous les travaux néces
saires pour l'évaluation. Il avait aussi sous ses ordres les agents de la partie d'art.

Quatre commissaires généraux, nommés par le ministre, étaient attachés à la commission centrale.

On avait aussi attaché à chacune des diverses commissions un agent de l'administration des forêts chargé spécialement de recueillir et de fournir tous les éléments nécessaires pour l'évaluation des superficies boisées.

Tous les fonctionnaires de l'État furent tenus de rechercher dans leurs archives et de fournir aux commissions d'évaluation les documents de nature à faciliter leur mission. Les sociétés privées et les particuliers eux-mêmes furent priés de communiquer tous les documents qu'ils possédaient. Le télégraphe et les chemins de fer furent mis gratuitement à la disposition des agents de l'évaluation.

Le ministre des finances avait la haute direction de l'ensemble du travail. Placés directement sous ses ordres, les quatre commissaires généraux, adjoints à la commission centrale, devaient en surveiller l'exécution et s'efforcer d'assurer l'uniformité des résultats dans toutes les parties du royaume en se faisant tenir exactement au courant de la marche des opérations. On appela auprès de la commission centrale un employé supérieur des forêts, auquel on adjoignit des ingénieurs et des employés qui furent chargés de la surveillance et du contrôle des évaluations des forêts de la monarchie entière.

Le gouvernement, ne pouvant assurer l'organisation du personnel d'évaluation avec ses seuls agents, créa un corps spécial qui n'entra que passagèrement dans l'organisme administratif.

Les tarifs d'évaluation, d'abord provisoires, furent publiés et les autorités représentant les communes ou territoires autonomes furent seuls admis à présenter des observations. Les propriétaires ne furent admis à réclamer que dans la seconde phase des opérations, c'est-à-dire au sujet de la répartition individuelle. Les réclamations furent assez nombreuses, mais elles contribuèrent grandement à la réussite de l'œuvre de péréquation en fournissant aux commissions d'évaluation de précieux renseignements pour le nivellement des tarifs entre les divers arrondissements ou départements.

Les tarifs, préparés d'abord par les commissions d'arrondissement, furent ensuite soumis à l'examen des commissions de département et la décision suprême et sans appel fut prise par la commission centrale, qui, pendant toute la durée du travail, s'était réservé l'examen et la solution de toutes les questions de principe.

Lorsque le travail fut terminé dans toutes ses parties, on constata que la contenance moyenne des parcelles était de 2 hect. 10 pour les six provinces orientales et de 0 hect. 30 seulement pour les deux provinces occidentales.

La dépense fut minime : elle ne s'éleva dans les 6 provinces orientales non encore encadastrées qu'à 1 fr. 36 par hectare, y compris le lever et l'évaluation parcellaire.

Le court espace de temps employé résulte : 1° du peu de fractionnement des parcelles ; 2° du choix de l'arrondissement comme unité territoriale, ce qui a permis de créer des districts d'évaluation très vastes et peu nombreux ; 3° de la limitation des natures de culture réduites à 7 seulement.

Mais ce qui est surtout digne d'attention, c'est la puissance de ressource de la Prusse en personnel, l'énergie, l'unité et la simultanéité avec lesquelles fut conduite l'œuvre cadastrale dans ce pays.